A Intervenção de Terceiros
NO PROCESSO CIVIL BRASILEIRO

01028

U88i Ustárroz, Daniel
   A intervenção de terceiros no Processo Civil brasileiro / Daniel Ustárroz. — Porto Alegre: Livraria do Advogado Editora, 2004.
   157 p. 16x23 cm.
   ISBN 85-7348-303-2

   1. Intervenção de terceiros. 2. Assistência. 3. Oposição: Processo Civil. 4. Nomeação à autoria. 5. Denunciação da lide. 6. Chamamento ao processo. I. Título.

        CDU – 347.921.3

    Índices para o catálogo sistemático:
Intervenção de terceiros
Assistência
Oposição: Processo Civil
Nomeação à autoria
Denunciação da lide
Chamamento ao processo

(Bibliotecária responsável: Marta Roberto, CRB-10/652)

DANIEL USTÁRROZ

A Intervenção de Terceiros
NO PROCESSO CIVIL BRASILEIRO

livraria
DO ADVOGADO
editora

Porto Alegre 2004

© Daniel Ustárroz, 2004

Capa, projeto gráfico e diagramação de
Livraria do Advogado Editora

Revisão de
Rosane Marques Borba

Direitos desta edição reservados por
Livraria do Advogado Editora Ltda.
Rua Riachuelo, 1338
90010-273 Porto Alegre RS
Fone/fax: 0800-51-7522
livraria@doadvogado.com.br
www.doadvogado.com.br

Impresso no Brasil / Printed in Brazil

C'è chi insegna
guidando gli altri come cavalli
passo per passo:
forse c'è chi si sente soddisfatto
così guidato.

C'è chi insegna lodando
quanto trova di buono e divertendo:
c'è pure chi si sente soddisfatto
essendo incoraggiato.

C'è pure chi educa, senza nascondere
l'assurdo ch'è nel mondo, aperto ad ogni
svilupo ma cercando
d'essere franco all'altro come a sé,
sognando gli altri come ora non sono:
ciascuno cresce solo se sognato.

Danilo Dolci

A Carlos Alberto Alvaro de Oliveira, exemplo de docente e magistrado.

Aos grandes amigos Caetano Cuervo Lo Pumo Duílio Landell de Moura Berni, Éderson Garin Porto, Francisco Tiago Duarte Stockinger, Gustavo Bohrer Paim, Handel Martins Dias, José Carlos Teixeira Giorgis, Juliano Spagnolo, Marcelo Corrêa Restano, Miguel Tedesco Wedy e Sérgio Gilberto Porto, juristas e companheiros acadêmicos.

Abreviaturas

AC	Apelação Cível
AI	Agravo de Instrumento
Ajuris	Revista da Associação dos Juízes do Rio Grande do Sul
AR	Ação Rescisória
BGB	Bürgerliches Gesezbuch (Código Civil alemão)
C.C.	Câmara Cível
CCB	Código Civil brasileiro
CDC	Código de Defesa do Consumidor
CF	Constituição Federal
CODECON	Código de Defesa do Consumidor
CPC	Código de Processo Civil
Des.	Desembargador
DJ	Diário da Justiça
ED	Embargos Declaratórios
EI	Embargos Infringentes
Gênesis	Revista Gênesis de Direito Processual Civil
MC	Medida Cautelar
Min.	Ministro
Op. cit.	Obra citada
RDCPC	Revista Síntese de Direito Civil e Processual Civil
RE	Recurso Extraordinário
Rel.	Relator
RePro	Revista de Processo
REsp	Recurso Especial
RJ	Revista Jurídica
RT	Revista dos Tribunais
STF	Supremo Tribunal Federal
STJ	Superior Tribunal de Justiça
T.	Turma
TJ	Tribunal de Justiça
v.g.	*Verbi gratia* (por exemplo)
ZPO	*Zivilprozessordnung* (Código de Processo Civil alemão)

Sumário

Apresentação 13
1. A efetividade e a colaboração no Processo Civil 17
   1.1. A efetividade processual 17
   1.2. Os sujeitos processuais e o ideal de colaboração 20
   1.3. Conceito de parte 23
   1.4. A participação dos terceiros no processo 28
2. Da assistência 35
   2.1. Da assistência 35
   2.2. Espécies de assistência 36
   2.2.1. Assistência simples 36
   2.2.2. Assistência litisconsorcial 40
   2.3. Da revelia e da gestão de negócios 44
   2.4. Do interesse jurídico 46
   2.5. Assistência da União Federal 47
   2.6. Momento da assistência e seu procedimento 51
   2.7. O efeito da intervenção e a coisa julgada na assistência 52
   2.8. *Amicus curiae* nas demandas de controle de constitucionalidade 56
3. Da oposição 59
   3.1. Conceito 59
   3.2. Momento para propositura 63
   3.3. Procedimento da oposição 65
   3.3.1. Da petição inicial 65
   3.3.2. Da citação 66
   3.3.3. Do litisconsórcio e do benefício do prazo em dobro ... 68
   3.3.4. Do julgamento da oposição 68
   3.3.5. Recursos cabíveis 70
   3.4. Oposição e embargos de terceiro 71
   3.5. Oposição na Lei de Desapropriação por Utilidade Pública (Decreto-Lei 3.365/41) 72
   3.6. Possibilidade de condenação em honorários 74
   3.7. Oposições sucessivas 75

4. Da nomeação à autoria 77
   4.1. Conceito 77
   4.2. Procedimento 78
   4.3. Conseqüências da não-nomeação e da nomeação errônea 85

5. Da denunciação da lide 89
   5.1. Conceito 89
   5.2. Hipóteses de denunciação da lide 91
      5.2.1. Da denunciação da lide do alienante para o reconhecimento do direito de evicção 92
      5.2.2. Da denunciação da lide ao proprietário ou ao possuidor indireto quando, por força de obrigação ou direito, em caso como o do usufrutuário, do credor pignoratício, do locatário, o réu, citado em nome próprio, exerça a posse direta da coisa demandada 94
      5.2.3. Da denunciação da lide àquele que estiver obrigado, pela lei ou pelo contrato, a indenizar, em ação regressiva, o prejuízo do que perder a demanda 95
      5.2.4. Da denunciação da lide pelo Estado do funcionário causador do dano ... 99
   5.3. Do procedimento 103
   5.4. Da formação do litisconsórcio passivo 105
   5.5. Da extromissão do denunciado 106
   5.6. Da sentença na denunciação da lide 107
   5.7. Honorários advocatícios 111
   5.8. O benefício do prazo em dobro em favor do denunciado .. 113
   5.9. A condenação direta do denunciado frente ao autor. 114
   5.10. Da denunciação da lide no procedimento sumário 126
   5.11. Denunciações sucessivas 127

6. Do chamamento ao processo 131
   6.1. Conceito 131
   6.2. A crise das obrigações solidárias 134
   6.3. Pressupostos do chamamento ao processo 137
   6.4. Hipóteses de cabimento (art. 77 do CPC) 137
   6.4.1. Chamamento do devedor principal em contrato de fiança ... 139
   6.4.2. Chamamento do co-fiador 141
   6.4.3. Chamamento do devedor solidário 142
   6.5. O chamamento ao processo no Código de Defesa do Consumidor ... 143
   6.6. Procedimento 146
   6.7. Diferenças entre o chamamento e a denunciação da lide .. 147
   6.8. Eficácia da sentença 149

Referências bibliográficas 151

Apresentação

A objetivo precípuo da obra é reler cada modalidade de intervenção de terceiros à luz do princípio da efetividade da realização dos direitos subjetivos dentro do processo jurisdicional.[1] Em razão de seus limites, alguns temas correlatos (também instigantes e atuais) foram apartados do texto, a fim de viabilizar o escopo do trabalho. É o caso da intervenção de terceiros no procedimento arbitral.[2]

Para que o processo cumpra seus fins sociais, é necessária a participação de diversos sujeitos. Quando se fala em colaboração judicial, parte-se do pressuposto de que, através da troca de pontos de vistas parciais (tese e antítese, expostas na ação e na defesa), haverá melhores condições para o processo alcançar a síntese. Tanto melhor será a aplicação do direito, quanto mais profundo o debate travado.

A intervenção de terceiros regula-se pelo princípio da efetividade, permitindo que uma mesma sentença defina relações jurídicas de pessoas alheias ao processo originário. Mas não olvida da segurança, quando de antemão traça taxativamente no Código as hipóteses de cabimento, assim como a disciplina de cada modalidade. Serve, ainda, para concretizar a garantia constitucional do contraditório, quando faculta que o interessado no provimento jurisdicional participe de sua formação e influencie o juízo. Dessa forma, a intervenção de terceiros

---

[1] O tema já foi alvo de muitas monografias, circunstância que denota sua importância dentro do direito brasileiro. Dentre tantas, despontam as clássicas: CARNEIRO, Athos Gusmão. *Intervenção de Terceiros*. 14. ed. São Paulo: Saraiva, 2003; DIAS, Maria Berenice. *O Terceiro no Processo*. Rio de Janeiro: AIDE, 1993; DINAMARCO, Cândido Rangel. *Intervenção de Terceiros*. 3. ed. São Paulo: Malheiros, 2002; FUX, Luiz. *Intervenção de Terceiros (Aspectos do Instituto)*. São Paulo: Saraiva, 1990; GRECO FILHO, Vicente. *A Intervenção de Terceiros no Processo Civil*. São Paulo: Saraiva, 1973.

[2] THEODORO JUNIOR nos oferece interessante estudo sobre o tema. Arbitragem e terceiros - litisconsórcio fora do pacto arbitral - outras intervenções de terceiros. Publicado no *Juris Síntese* nº 36, jul/ago de 2002.

cumpre um dos ideais da Constituição, qual seja democratizar o acesso à Justiça.

No que toca ao capítulo dedicado ao tema, nota-se que, desde a promulgação do Código de Processo, poucas modificações legais ocorreram. Essa realidade não geraria maiores problemas práticos, não fosse o estilo das normas ali escritas, que é fechado muitas vezes, dificultando o trabalho interpretativo de oxigenação do sistema. Exemplificativamente, há previsão legal no sentido de que, caso o nomeado não aceite sua legitimidade, a demanda deve prosseguir contra o nomeante, embora a aceitação do autor. Em casos tais, o trabalho de interpretação (ab-rogante) é dificultado, pois a solução alcançada contraria a literalidade da lei, gerando relativa desarmonia entre as fontes.

Por isso, mostra-se salutar a contribuição da jurisprudência no amadurecimento dos tipos de intervenção. A interpretação construtiva, e com prudência de nossas Cortes amoldam as previsões legislativas à diversidade dos fatos quotidianos. E através da regular análise de casos práticos colocados, os Tribunais possibilitam ao operador a chance de sistematizar linhas argumentativas.

Reconhecendo o decisivo papel da jurisprudência no Direito brasileiro, a obra tratou de selecionar criteriosamente julgados. O objetivo dessa pesquisa, realizada preferencialmente no Superior Tribunal de Justiça, foi o de apontar aquilo que há de mais atual na jurisprudência brasileira. O posicionamento das ementas, em rodapé, permitiu que o texto fluísse com maior naturalidade, de modo que o leitor que tiver interesse em pesquisar o inteiro teor dos acórdãos sempre encontrará a referência ao veículo oficial de imprensa no qual os mesmos foram publicados.

Aliás, o interesse pela confecção do presente trabalho partiu justamente da vivência, enquanto advogado, de casos concretos. A experiência prática auxiliou decisivamente a exposição das idéias, todas as quais desenvolvidas com a preocupação de contribuir para a realização do Direito dentro do processo jurisdicional e na realidade social. De seu turno, também a experiência docente, com o profícuo contato com os acadêmicos de graduação, ofertou novas perspectivas no desenvolvimento do trabalho.

Impossível não agradecer, ainda mais uma vez, ao professor Carlos Alberto Alvaro de Oliveira, exemplo de dedicação à docência pela forma responsável como trata seus discentes. Faculta que estes, através de esforço próprio, descortinem por si só os enigmas apresentados no dia-a-dia do foro. Nesse contexto, serve a sala de aula para amadurecer um debate que inicia tempos antes, quando da tranqüilidade da biblioteca ou do valioso exercício profissional. Enfim, um pensamento voltado ao diálogo e à cooperação, que faz jus à poesia de Danilo Dolci do epígrafe da obra.

Porto Alegre, janeiro de 2004.

Daniel Ustárroz
ustarroz@terra.com.br

1. A efetividade e a colaboração no Processo Civil

1.1. A efetividade processual

Dois dos valores mais presentes no processo civil são a segurança e a efetividade. Conceitos radicalmente distintos e que freqüentemente se combatem, espelham duas das maiores inquietações na vida dos jurisdicionados: o anseio pela pronta efetivação dos direitos subjetivos e o respeito pelas garantias inerentes a um processo justo.[3] É também do embate entre esses comandos que a Justiça da decisão é alcançada. No Brasil, a situação não é diferente. Constantemente, segurança e efetividade colidem em demandas judiciais.

Nos últimos anos, um fenômeno tem chamado a atenção dos operadores na vida judiciária brasileira. Trata-se do clamor pela presteza no exercício da jurisdição, cujo símbolo maior pode ser a frase atribuída a Ruy Barbosa: "Justiça tardia nada mais é do que injustiça manifesta". Efetividade seria, então, a luta por outorgar à parte merecedora de tutela "o gozo pleno da específica utilidade a que faz jus segundo o ordenamento".[4]

---

[3] Sobre o direito ao "giusto processo", o tema é historicamente bem abordado pela doutrina italiana. A reforma constitucional via Lei de 23 de novembro de 1999, entrada em vigor em 7 de janeiro de 2000, que alterou a dicção do art. 111, intitulada "inserimento del principio del giusto processo nellart. 111 della costituzione", é uma manifestação eloqüente de sua atualidade. Antes, ver FAZZALARI, Elio. Valori permanenti del processo. *In Diritto Naturale verso nuove prospettive*. Milano: Giuffrè, 1977. Após, TROCKER, Nicolò. Il nuovo articolo 111 della costituzione e il "giusto processo" in materia civile: profili generale. *Riv. Trim. Dir. Proc. Civ.*, giugno, 2001, anno LV, n. 2.

[4] Cf. BARBOSA MOREIRA. Notas sobre o problema da "efetividade" do processo, p. 40. *In Temas de processo civil*. 3ª série. São Paulo: Saraiva, 1984.

Nas últimas décadas, nota-se que as grandes novidades na legislação brasileira residem na preocupação com o momento ulterior à mera proclamação formal de direitos. As normas foram além, criando remédios jurídicos processuais hábeis a efetivá-los na realidade. O direito material expandiu seus domínios sobre o processo, bem como este invadiu áreas dedicadas historicamente àqueles. Esse fenômeno é altamente salutar, pois auxilia a sistematização do ordenamento. Exemplos culminantes desse momento cultural foram o Código de Defesa do Consumidor e a Lei da Ação Civil Pública. Isso sem contar com a Lei 8.952/94, que regulou a antecipação de tutela no processo civil, alterando a redação do art. 273 do diploma instrumental.[5]

Esses textos tiveram o grande mérito de sistematizar parcela das soluções que uma sociedade de massa necessitava com urgência. Representaram, dentro das naturais limitações da realidade forense, um sensível avanço, mas não a ponto de resolver de uma só vez todos os problemas na aplicação judicial do Direito. Daí que, após esse período de descoberta, marcado pela reação a um sistema tido por antiquado, surge o momento da meditação acerca das reformas.

Se por um lado, como dito, a efetividade logrou melhor recepção formal no conjunto de garantias do sistema, não se pode olvidar dos efeitos nocivos que, em nome da realização da mesma, foram produzidos. Por vezes, intentando-se aplicar os direitos fundamentais afirmados pelo autor, ignoraram-se garantias essenciais do demandado, impondo-lhe já liminarmente dano grave e de difícil reparação. Essa situação confirma a importância de que o processo, na ânsia de ser socialmente efetivo, não se transforme em fonte de insegurança, perdendo seu crédito junto aos jurisdicionados. Efetividade não pode ser vista como sinônimo de instantaneidade, e sua utilização no direito processual civil jamais terá o condão de remediar todos os males sociais.[6]

---

[5] Com razão, foi a efetividade que marcou uma segunda onda de reformas processuais. E esse momento histórico é bem resumido por TEORI ZAVASCKI, ao afirmar que "a segunda onda à reformas é a que se desencadeou a partir de 1994, e que, diferentemente da primeira, teve por objetivo, não o de introduzir mecanismos novos, mas o de aperfeiçoar os já existentes. Em nome da efetividade do processo, reclamo mais urgente de uma sociedade com pressa, foram produzidas modificações expressivas no Código de Processo Civil, destacando-se, por sua importância, entre outras, a que ampliou o elenco dos títulos executivos extrajudiciais (Lei n. 8.953, de 13-12-1994), a que reformulou o recurso de agravo (Lei n. 9.139, de 30-11-1995) e a que universalizou o instituto da antecipação da tutela (Lei n. 8.952, de 13-12-1994)". (*Antecipação de Tutela*, p. 2. 2.ed. Rio de Janeiro: Saraiva, 1999)

[6] E o texto que serve de epígrafe ao ensaio "Por um processo socialmente efetivo", do professor BARBOSA MOREIRA bem fixa um pressuposto para se compreender o valor efetividade no

Para que o debate em torno da questão "efetividade" seja útil e democrático, deve ele ser permeado pelo reconhecimento do valor "segurança". São valores que se limitam mutuamente e que somente em conjunto podem ser interpretados.[7] Retirar a segurança do domínio do ideal de efetividade representaria grave perigo para os jurisdicionados. Idêntico raciocínio, porém em sentido inverso, também é verdadeiro, na medida em que o tempo é um fator determinante na justa composição do litígio.[8] Assim, todo cuidado é pouco a fim de que não se tiranize qualquer desses princípios, de modo a entendê-los, por mais importantes que sejam, como absolutos e reinantes em todo e qualquer caso concreto.[9]

A efetividade, nesse contexto, não é fonte de arbítrio, mas sim sinônimo de preocupação com a melhor distribuição de Justiça. Um conceito que não tem a pretensão de dominar por si só todos os domínios do campo processual, mas que almeja coexistir com os ditames do valor segurança.[10] E para que esse ideal seja alcançado, ocorre o trabalho conjunto dos sujeitos do processo.

---

processo judicial: "Fique bem claro que não estou atribuindo a processo algum, por mais efetivo que seja, a virtude de tornar por si só menos iníquas as estruturas sociais, de corrigir-lhes as tristes deformidades que as marcam em países como o nosso." *In Revista Síntese de Direito Civil e Processual Civil* nº 11/05, mai-jun/2001.

[7] ALVARO DE OLIVEIRA bem sintetiza o papel do aplicador: "pode-se concluir que garantismo e eficiência devem ser postos em relação de adequada proporcionalidade, por meio de uma delicada escolha dos fins a atingir e uma atenta valoração dos interesses a tutelar. E o que interessa realmente é que, nessa difícil obra de ponderação, sejam os problemas da justiça solucionados num plano diverso e mais alto do que o puramente formal dos procedimentos e transferidos ao plano concernente ao interesse humano objeto dos procedimentos: um processo assim na medida do homem, posto realmente a serviço daqueles que pedem justiça. Em suma, com a ponderação desses dois valores fundamentais – efetividade e segurança jurídica – visa-se idealmente a alcançar um processo tendencialmente justo". O Processo civil na perspectiva dos direitos fundamentais, p. 659. *In Revista Gênesis de Direito Processual Civil*, 26/653.

[8] Interessantes precedentes de Cortes Européias que explicitamente apreciaram o valor tempo no processo são oferecidos por CRUZ E TUCCI, na obra *Tempo e Processo*. São Paulo: RT, 1997.

[9] Com o talento que lhe é peculiar, BARBOSA MOREIRA aponta quatro mitos que devem ser urgentemente desfeitos do imaginário dos operadores. Dentre esses, consta logo em primeiro plano: "a rapidez acima de tudo" ou "quanto mais depressa melhor". O Futuro da Justiça: alguns mitos. *In Revista Síntese de Direito Civil e Processual Civil*, 06/37, jul-ago/2000.

[10] Nesse sentido, feliz a expressão cunhada por ALVARO DE OLIVEIRA, ao tratar da efetividade a ser buscada por todo operador: "efetividade virtuosa", e não "perniciosa". O exato sentido do vocábulo pode ser apreendido na seguinte passagem: "a nosso entender a efetividade só se revela virtuosa se não colocar no limbo outros valores importantes do processo, a começar pelo da justiça, mas não só por este. Justiça no processo significa exercício da função jurisdicional de conformidade com os valores e princípios normativos conformadores do processo justo em determinada sociedade (imparcialidade e independência do órgão judicial, contraditório, ampla defesa, igualdade formal e material das partes, juiz natural, motivação, publicidade das audiên-

1.2. Os sujeitos processuais e o ideal de colaboração

Para que o processo chegue a bom termo, e seja cumprida a função estatal de administrar a justiça, mister que os sujeitos que nele se envolvem colaborem uns com os outros. Embora cada sujeito tenha uma função específica no decorrer da demanda, estão todos ligados pelo fim último do serviço jurisdicional, que é ofertar a melhor solução aos envolvidos. Cada qual protege um interesse reconhecido pelo sistema, que no mais das vezes é antagônico ao das outras partes. Contudo, ao final, ambos serão para sempre ligados pela eficácia da sentença, a qual presume-se justa.

Se o objetivo maior do processo civil é realizar os direitos subjetivos alegados e discutidos na demanda, por seguro que o papel das partes destinatárias do provimento final assume importância especial. Diretamente proporcional aos poderes que os litigantes possuem, são os deveres a ser observados. Deveres que são criados a fim de liberar o caminho para a correta aplicação do Direito.

Alguns desses são expostos no art. 14 do Código Processual, tais como expor os fatos em juízo conforme a verdade (I), proceder com lealdade e boa-fé (II), não formular pretensões, nem alegar defesa, cientes de que são destituídas de fundamento (III) e não produzir provas, nem praticar atos inúteis ou desnecessários à declaração ou defesa do direito (IV).[11]

Como uma das funções da intervenção de terceiros é transformar sujeitos estranhos a uma demanda anterior em partes, também esses

---

cias, término do processo em prazo razoável, direito à prova). Por isso, a racionalidade do direito processual não há de ser a racionalidade tecnológica-estratégica, mas a orientada por uma validade normativa que a fundamente e ao mesmo tempo fundamentada pelo discurso racional do juízo, de modo a que a sociedade possa controlar tanto a correção material quanto a concordância dogmática da decisão. Não desconheço, é claro, que o próprio valor justiça, espelhando a finalidade jurídica do processo, encontra-se intimamente relacionado com a atuação concreta e eficiente do direito material, entendido em sentido amplo como todas as situações subjetivas de vantagem conferidas pela ordem jurídica aos sujeitos de direito. Por isso mesmo, o acesso à justiça, elevado ao patamar de garantia constitucional na tradição jurídica brasileira, deve certamente compreender uma proteção juridicamente eficaz e temporalmente adequada. O que ponho em questão é a eficiência como fim, sem temperamentos, como meta absoluta, desatenta a outros valores e princípios normativos. O ponto é importante porque esses ditames axiológicos, além de se afinarem mais com a visão de um Estado democrático e participativo, poderão não só contribuir para a justiça da decisão como até para a própria efetividade". (Efetividade e processo de conhecimento. *In Revista da Faculdade de Direito da UFRGS*, 16/07, 1999)

[11] Sobre o tema, ARRUDA ALVIM, Deveres das partes e dos procuradores, no direito processual civil brasileiro. *RePro*, 69/07.

sujeitam-se aos deveres estabelecidos aos contendores primitivos. Nesse sentido, não é à toa que o art. 14 do Código, ao elencá-los, dirige-se também a "todos aqueles que de qualquer forma participam do processo". Não há dúvida, portanto, que os "terceiros interventores" partilham de idênticos deveres que as partes originárias.

O Código Processual de Portugal disciplinou as linhas chaves daquilo que denominou "princípio da colaboração". O art. 266 reza que: "1. Na condução e intervenção no processo, devem os magistrados, os mandatários judiciais e as próprias partes cooperar entre si, concorrendo para se obter, com brevidade e eficácia, a justa composição do litígio; 2. O juiz pode, em qualquer altura do processo, ouvir as partes, seus representantes ou mandatários judiciais, convidando-os a fornecer os esclarecimentos sobre a matéria de facto ou de direito que se afigurem pertinentes e dando-se conhecimento à outra parte dos resultados da diligência".[12]

A complementação se dá com o artigo 266-A e B. A primeira parte impõe o "dever de boa fé processual", dispondo que as partes devem agir de boa-fé e observar os deveres de cooperação resultantes do preceituado no artigo anterior. A segunda institui o "dever de recíproca correção", referindo que todos os interventores no processo devem agir em conformidade com um dever de recíproca correção, pautando-se as relações entre advogados e magistrados por um especial dever de urbanidade. Nenhuma das partes deve usar, nos seus escritos ou alegações orais, expressões desnecessárias ou injustificadamente ofensivas à honra ou ao bom nome da outra.

Também no diploma brasileiro, em nome da harmonia que deve haver entre os litigantes, é defeso a esses e a seus advogados empregar expressões injuriosas nos escritos apresentados no processo. Caso não observado esse mandamento, cabe ao juiz, de ofício ou a requerimento do ofendido, mandar riscá-las.[13] Em que pese a realidade forense demonstrar ampla tolerância com ofensas irrogadas em juízo, as quais, a

---

[12] Segue o dispositivo: "3. As pessoas referidas no número anterior são obrigadas a comparecer sempre que para isso forem notificadas e a prestar os esclarecimentos que lhes forem pedidos, sem prejuízo do disposto no nº 3 do artigo 519º. 4. Sempre que alguma das partes alegue justificadamente dificuldade séria em obter documento ou informação que condicione o eficaz exercício de faculdade ou o cumprimento de ónus ou dever processual, deve o juiz, sempre que possível, providenciar pela remoção do obstáculo."
[13] Art. 15, *caput*, do Código de Processo: "É defeso às partes e seus advogados empregar expressões injuriosas nos escritos apresentados no processo, cabendo ao juiz, de ofício ou a requerimento do ofendido, mandar riscá-las."

rigor, nenhum benefício trazem ao bom andamento do feito, é hora de se pensar em respeitar a literalidade da norma. Com isso, a privacidade e os demais atributos da personalidade das partes são melhor protegidos, pois as mesmas estarão livres de ataques gratuitos ou maliciosos. E, mais importante que tudo, o terreno ficará propício ao debate, que é a base da aplicação democrática do direito.

Nesse panorama, a figura do magistrado também desponta como indispensável, e sua atuação, sempre imparcial, dar-se-á com o fito de velar pela rápida e justa solução do litígio. As diretrizes da atuação judicial vão elencadas no art. 125 do Código de Processo Civil, e dentre essas se encontram o de assegurar às partes igualdade de tratamento, o de prevenir ou reprimir qualquer ato contrário à dignidade da Justiça e tentar, a qualquer tempo, conciliá-las.

A integração entre os deveres das partes e o cômputo do magistrado é latente. Somente as partes conseguirão se conciliar, caso a atmosfera seja propícia, isto é, quando haja tranqüilidade suficiente para reconhecer sua importância dentro do processo. Alcançar um bom termo não é objetivo do juízo apenas, mas de ambas as partes.

No Brasil, Carlos Alberto Alvaro de Oliveira, em seus textos, soube bem explorar a importância da colaboração dos sujeitos processuais. Em precioso ensaio, afirmou que: "o diálogo judicial torna-se, no fundo, dentro dessa perspectiva, autêntica garantia de democratização do processo, a impedir que o órgão judicial e a aplicação da regra *iura novit curia* redundem em instrumento de opressão e autoritarismo, servindo às vezes a um mal explicado tecnicismo, com obstrução à efetiva e correta aplicação do direito e à justiça do caso. Ora, o concurso das atividades dos sujeitos processuais, com ampla colaboração tanto na pesquisa dos fatos quanto na valorização jurídica da causa, constitui dado que influi de maneira decisiva na própria extensão do princípio do contraditório. Basta pensar que essa colaboração só pode ser realmente eficaz se vivificada por permanente diálogo, com a comunicação das idéias subministradas por cada um deles: juízos históricos e valorizações jurídicas capazes de ser empregados convenientemente na decisão".[14]

É com esse espírito que a combinação das atividades do autor, do demandado e do juiz assumirá a estrutura ínsita do conceito de coope-

---

[14] A Garantia do Contraditório, p. 143. *In Garantias Constitucionais do Processo Civil.* Org. José Rogério Cruz e Tucci. 1. ed. 2ª tiragem. São Paulo: RT, 1999.

ração. Se cada um desses trabalhar debruçado sobre a mesma matéria fática e jurídica, cada qual poderá trazer valiosas conclusões para iluminar o *thema decidendum*. O processo transforma-se em um laboratório, no qual todas as partes são convidadas a trabalhar, tal como cientistas fossem. Daí por que "si può, del resto, invertire la prospettiva: se l'intera materia del contendere prima della decisione subisce gli effetti delle forze esercitate da tutti i soggetti in concorso, nei limiti delle rispettive attribuzioni, il risultato sarà il prodotto di una collaborazione processuale totale".[15] Essa seria uma manifestação positiva do princípio da colaboração. A investigação solitária do órgão judicial, nos dias atuais, mostra-se inadequada, pois o diálogo instado entre as partes e o próprio condutor do processo "recomendado pelo método dialético, amplia o quadro de análise, constrange à comparação, atenua o perigo de opiniões pré-concebidas e favorece a formação de um juízo mais aberto e ponderado".[16]

Quando se fala em colaboração entre as partes, admite-se que é justamente pela soma de seus esforços que o órgão judicial encontrará condições plenas para a aplicação do direito. Em outras palavras, é da soma de comportamentos parciais (tese, esposada pela pretensão + antítese, representada pela defesa) que o processo alcançará a justa síntese.[17]

1.3. Conceito de parte

Na história do direito processual, o conceito de parte experimentou interessantes mutações. Inicialmente, quiçá em face da relativa dependência do direito processual frente ao substancial, o jurista buscava referências sempre no plano concreto. Parte, então, era o sujeito

---

[15] GRASSO, Eduardo. La collaborazione nel processo civile, p. 587. *Rivista di diritto processuale*, 1966.

[16] Cf. ALVARO DE OLIVEIRA. Poderes do juiz e visão cooperativa do processo, p. 27. *In Gênesis*, n. 28.

[17] Ainda ecoa a clássica lição de CINTRA, GRINOVER e DINAMARCO: "somente pela soma da parcialidade das partes (uma representando a tese e a outra, a antítese) o juiz pode corporificar a síntese, em um processo dialético. É por isso que foi dito que as partes, em relação ao juiz, não têm papel de antagonistas, mas sim de "colaboradores necessários": cada um dos contendores age no processo tendo em vista o próprio interesse, mas a ação combinada dos dois serve a justiça na eliminação do conflito ou controvérsia que os envolve." (*Teoria Geral do Processo*, p. 55)

da lide, ou seja, aquele que, no mundo dos fatos, participara do evento discutido.

Tal definição, entretanto, foi alvo de críticas pesadas, principalmente a partir da autonomia conseguida pelo direito processual. Concluiu-se que muitas vezes um sujeito participava de uma demanda, sem que sua presença fosse justificada à luz da realidade substantiva. O exemplo clássico seria a sentença extintiva que excluía a participação do réu na estória narrada pelo autor.

Seguramente, a noção de sujeitos da lide - que se vincula necessariamente ao episódio da existência discutido - é estranha ao direito processual, justamente porque neste a realidade aparece sombria, em razão de seu caráter problemático. Como regra, o processo trabalha com hipóteses, criadas a partir da pretensão levantada pelo autor e das defesas suscitadas pelo réu. Nesse contexto, descabe haurir do direito material o critério para a qualificação jurídica do conceito de parte.[18]

Com o tempo, a doutrina alemã firmou histórico posicionamento no sentido de que parte é um conceito de natureza eminentemente processual. Rosemberg, por exemplo, explica que: "partes en el proceso civil son aquellas personas que solicitan y contra las que se solicita, en nombre proprio, la tutela jurídica estatal, en particular la sentencia y la ejecución forzosa. Este concepto del derecho procesal alemán (único decisivo) es independiente de la estructura del derecho material y de la posición jurídica extraprocesal de los interesados. Porque no es parte en el proceso civil como titular de la relación jurídica controvertida, sino actor es quien afirma el derecho (material); y demandado, aquel contra quien se lo hace valer. Para la posición de parte procesal no tiene importancia si el actor es el poseedor del derecho y si el demandado es el verdadero obligado o afectado".[19]

Atualmente, é ponto comum o conceito processual de parte. Othmar Jauernig, seguidor de Friedrich Lent, é objetivo: partes são aquelas em cujo nome e contra quem a proteção jurídica é requerida ("partei

---

[18] LIEBMAN detectou tal peculiaridade. Referiu: "la nozione della parte in senso sostanziale che sarebbe il soggetto della 'lite' o del rapporto controverso (che una parte della dottrina contrappone alla parte in senso processuale) è estranea alla legge e al sistema del diritto processuale. La cosidetta parte in senso sostanziale, quando non coincide con la parte in senso processuale, è soltanto un terzo". *Manuale di diritto processuale civile*, p. 86. 6. ed. Milano: Giuffrè, 2002.

[19] *Tratado de Derecho Procesal Civil*, t.1, p. 211. Trad. Angela Romera Vera. Buenos Aires: EJEA, 1955.

ist, wer für sich Rechtsschutz vom Gericht begehrt und gegen wen Rechtsschutz begehrt wird"*)*. Mais explicitamente, assevera o professor alemão que o conceito de parte é puramente formal (ou processual), sendo completamente independente do direito material ("der Parteibegriff ist rein formal oder prozessual, vom materiellen Recht völlig gelöst").[20]

No Brasil, as idéias retro-expostas encontram eco na voz do professor Ovídio Baptista, o qual, em seu curso, salienta que "o que, todavia, deve ser logo estabelecido, quando se busca determinar o conceito de parte é que se está a tratar de um conceito eminentemente processual. É um conceito técnico empregado pela ciência do processo para definir um fenômeno processual. Disso resulta ser impróprio tratar questões de direito material empregando-se, inadequadamente, o conceito de parte".[21]

Fica a conclusão de que a demanda formulada e a citação são as fontes usuais da qualidade de parte. Esses sujeitos que participam do contraditório formado, enquanto destinatários usuais do provimento, não precisam ser necessariamente partícipes de uma relação de direito material comum. Mas em razão da atividade desenvolvida no processo sujeitam-se à sentença proferida, adquirindo a capacidade de parte.[22]

Na literatura italiana, com freqüência, alude-se à definição de Chiovenda: "o conceito de parte entronca-se no conceito do processo e da relação processual: a parte é aquele que demanda em seu próprio

---

[20] *Zivilprozessrecht*, p. 53-54. 26.ed. München: Beck, 2000.

[21] *Curso de Direito Processual Civil*, p. 234. THEODORO JUNIOR, por outro lado, afirma que: "pode-se, portanto, distinguir dois conceitos de parte: como sujeito da lide, tem-se a parte em sentido material, e como sujeito do processo, a parte em sentido processual. Como nem sempre o sujeito da lide se identifica com o sujeito do processo, como se dá, por exemplo, nos casos de substituição processual, pode-se definir a parte para o direito processual como a pessoa que pede ou perante a qual se pede, em nome próprio, a tutela jurisdicional. A que invoca a tutela jurídica do Estado e toma a posição ativa de instaurar a relação processual recebe a denominação de autor. A que fica na posição passiva e se sujeita à relação processual instaurada pelo autor, chama-se réu ou demandado. Mas, para que o processo se desenvolva até a efetiva solução da lide não basta a presença das duas partes interessadas, é necessário que os sujeitos processuais sejam partes legítimas". (*Processo Civil*, p. 67-68). Talvez, no fundo, ambos tenham tentado retratar a mesma realidade, utilizando-se de palavras distintas.

[22] Novamente LIEBMAN irá afirmar que "la domanda giudiziale, come atto costitutivo del processo, determina anche le parti: quella che chiede al giudice di provvedere su un determinato oggetto e quella nei cui confronti il provvedimento è chiesto. Sono queste le persone che da un lato sono i soggetti degli atti di parte e dall'altro sono i destinatari degli effetti dei provvedimenti del giudice (e abbiamo visto che parti e giudice sono i soggetti del rapporto processuale, sopra, n. 20). Le parti sono i soggetti contrapposti nella dialettica del processo di fronte al giudice che, per definizione, è titolare di un potere imparziale". Op. cit., p. 83.

nome (ou em cujo nome é demandada) a atuação de uma vontade da lei, e aquele em face de quem essa situação é demandada".[23]

Luiz Guilherme Marinoni e Sérgio Cruz Arenhart, após criticarem o conceito de Liebman, em face de sua "amplitude excessiva", valorizam a contestada figura da "ação de direito material". Arrematam os professores paranaenses que "pode-se concluir que será parte, no processo, aquele que demandar em seu nome (ou em nome de quem for demandada) a atuação de uma ação de direito material e aquele outro em face de quem esta ação deva ser atuada. Terceiro interessado será, por exclusão, aquele que não efetivar semelhante demanda no processo, mas, por ter interesse jurídico próprio na solução do conflito (ou, ao menos, afirmar possui-lo), é autorizado a participar dele sem assumir a condição de parte".[24]

Comoglio, Ferri e Taruffo, comentando a clássica definição de Chiovenda, afirmam que ela é insuficiente, na medida em que não compreende todos os sujeitos que são diversos do juiz e que participam do desenvolvimento do procedimento jurisdicional.[25]

Efetivamente, não se pode negar que limitar o conceito de parte para as pessoas que pedem ou contra as quais se requer a tutela jurisdicional é satisfatória quando estamos diante de uma demanda tradicional, isto é, cuja eficácia da sentença não ultrapassam os sujeitos que participam do processo.[26] Todavia, a questão apresenta-se espinhosa no momento em que outros sujeitos ("terceiros") podem ingressar no processo e se sujeitar à eficácia da sentença.

---

[23] No Brasil, ARRUDA ALVIM partilha da conceituação: "parte é aquele que pede tutela jurídica no processo, bem como aquele contra quem essa tutela é pedida, e que esteja no processo". In Manual de Direito Processual Civil, p. 23, v. 2. São Paulo: RT, 1997.

[24] Manual do Processo de Conhecimento, p. 171. São Paulo: RT, 2002. Criticando essa orientação que admite existência de ações de direito material, ALVARO DE OLIVEIRA, em O problema da eficácia da sentença. Disponível em www.tex.pro.br. Acesso em 23.09.2003.

[25] Asseveram que: "Muovendosi in una prospettiva, forse meno ampia, ma generica, si possono definire le "parti" i soggetti che nel processo hanno proposto una domanda al giudice chiedendogli di emanare un provvedimento a loro favore, e, per altro verso, i soggetti che sono destinatari degli effetti del provvedimento. Anche questa definizione risulta tuttavia insoddisfacente non solo perché, come vedremo meglio, non compreende tutti i soggetti, diversi dai giudici, che pure partecipano allo svolgersi dei diversi procedimenti giurisdizionali previsti nel nostro ordinamento, ma anche perché non indica i requisiti indispensabili per acquistare in questi stessi procedimento la qualità di parte". Lezioni sul Processo Civile, p. 287.

[26] TESHEINER refere: "O conceito clássico de partes, sem levar em conta a extensão subjetiva da sentença e da coisa julgada, é preciso e exato, mas de pouca utilidade, porque outros sujeitos podem ter iguais poderes e sofrer iguais efeitos. Em outras palavras, afirmar que alguém é ou não é parte pouco significa, para determinar seus poderes no processo e os efeitos que possa sofrer". Partes: Conceito e Preconceito. Disponível em www.tex.pro.br. Acesso em 30.12.2003.

Nesse sentido, há quem pretenda ampliar o conceito de parte, propondo novos critérios definidores. Dentre outros, Fazzalari admite que após o ingresso do "terceiro" no processo, ele assume poderes próprios das partes. Quando tal ocorresse, então, já não haveria lugar para se falar em "terceiro", mas sim em parte. O critério norteador parece ser a participação em contraditório e a sujeição à sentença. Assinala o professor peninsular que "dopo la chiamata, il terzo cessa di essere tale, diventa parte: egli è investito di tutte le facoltà, i poteri, i doveri della parte, cioè un"azione"[27] Em outro estudo, discorrendo sobre o litisconsórcio facultativo sucessivo, assinala que, além das partes originárias, podem participar do processo outros sujeitos, ingressando *in itinere*. São os "intervenienti" ou "interventori" que, enquanto tais, são partes, possuem uma série de faculdades, poderes, deveres, como as partes originárias.[28] O conceito de parte aqui, portanto, relaciona-se com a atividade desempenhada no processo.

Comoglio, Ferri e Taruffo elencam uma série de critérios que podem auxiliar o intérprete a definir quem, perante um sistema processual, pode ser tido como parte. Partem, inicialmente, da noção de parte enquanto sujeito de atos processuais. Nesta acepção, "parte vuol dire soggetto di atti processuali, independenti dalla circostanza che si agisca in nome proprio o altrui o dal fatto di essere effettivo titolare della situazione sostanziale oggetto del processo. È parte chi, ad esempio, propone istanze, compare all'udienza, solleva eccezioni e deduzioni instruttorie e compie quindi atti nel processo".[29] Observam, ainda, que outras normas consideram como partes os destinatários dos efeitos dos atos processuais: "si tratta di soggetti che possono anche non coincidere e non identificarsi con quelli degli atti del processo".[30] É o caso dos representados. Por fim, ainda poderia ser identificado um terceiro conceito de parte, a partir dos efeitos da sentença do processo: "non si designano né i soggetti del processo ne quelli degli effetti dello stesso, ma i soggetti che sono titolare della situazione sostanziale oggetto del processo e della decisione di merito".[31]

Em vista dessa "complessa realtà", Ferri, Taruffo e Carpi afirmam que somente com referência a determinadas normas ou a específicos

---

[27] *Lezioni di diritto processuale civile*, p. 57. Padova, CEDAM, 1995.
[28] *Istituzione di Diritto Processuale*, p. 305.
[29] *Lezioni sul Processo Civile*, p. 288.
[30] Op. cit., p. 288.
[31] Idem, Ibidem.

atos pode ser considerada a noção de parte, "ma senza traerne una unitaria". Nesse sentido, será possível afirmar que "così è parte linterveniente, che spontaneamente o per chiamata di una delle parti originarie o per ordine del giudice si introduce in un processo di cognizione già pendente".[32]

Com razão, se a noção de parte pertence ao mundo do processo, os critérios para sua definição devem passar pela atividade desenvolvida no procedimento, principalmente com a valorização dos princípios constitucionais do processo (especialmente o contraditório). Partes, portanto, não são apenas as pessoas que, originariamente, figuram como autor e demandado, mas também aquelas que são chamadas a ingressar no feito, e participam do contraditório, sujeitando-se à parcela da eficácia da sentença futura (quer direta ou reflexa).[33] Por conseguinte, pode-se adquirir a condição de parte através de três formas: via petição inicial e citação, como efeito da sucessão processual ou ainda como conseqüência da intervenção de terceiro.[34]

Contudo, devemos deixar claro que esta não é a posição da doutrina dominante, a qual, na linha das lições de Ovídio Baptista da Silva, prefere reduzir o conceito de parte à clássica definição de Chiovenda. Por isso, ao não deduzir pretensão própria, o assistente simples, nesta concepção restrita, não será parte. Embora dentro do processo e sujeitando-se aos "efeitos da intervenção", será sempre terceiro.

1.4. A participação dos terceiros no processo

Quanto aos terceiros que buscam de alguma forma participar de processo alheio, o Código define cinco hipóteses de cabimento. Trata-

---

[32] Idem, p. 289.

[33] Nessa linha, o Código Procesual Civil de España dispõe, no art. 90, que "podrá intervenir en un juicio pendiente en calidad de parte, cualquiera fuere la etapa o la instancia en que éste se encontrare, quien: 1) Acredite sumariamente que la sentencia pudiere afectar su interés propio. 2) Según las normas del derecho sustancial, hubiese estado legitimado para demandar o ser demandado en el juicio." O procedimento vem regulado no artigo seguinte: "En el caso del inciso 1. del artículo anterior, la actuación del interviniente será accesoria y subordinada a la de la parte a quien apoyare, no pudiendo alegar ni probar lo que estuviese prohibido a ésta. En el caso del inciso 2. del mismo artículo, el interviniente actuará como litisconsorte de la parte principal y tendrá sus mismas facultades procesales."

[34] Sobre a situação do sucessor, recomenda-se exaustiva monografia sobre o assunto, na qual o autor, CARLOS ALBERTO ALVARO DE OLIVEIRA, conclui que o sucessor é parte. *In Alienação da Coisa Litigiosa*. 2. ed. Rio de Janeiro: Forense, 1986.

se da assistência, da oposição, da nomeação da autoria, denunciação da lide e do chamamento ao processo. No sistema brasileiro, por ora, ainda há espaço reduzido à figura do *amicus curiae*.[35] Aquele que deseja ingressar em demanda alheia deve preencher os requisitos elencados para cada tipo de intervenção.

Dois são os critérios para definir se o terceiro ostenta legitimidade para figurar em processo alheio: a eficácia da coisa julgada e as peculiaridades do direito material discutido. Em verdade, ambos os critérios no fundo imiscuem-se, afinal é justamente pela natureza do direito substancial que liga terceiro a determinada parte que os limites objetivos e subjetivos da coisa julgada serão definidos. Assim, para que seja admitida a intervenção de terceiro, o interessado deve comprovar a pertinência da intervenção, verificada a partir da afirmada relação com algumas das partes originárias e da pretensão concretamente formulada na demanda.

Dependendo da origem da intervenção, esta pode ser espontânea ou provocada. Será espontânea quando o terceiro ingressa na lide por iniciativa própria, independentemente de requerimento da parte. É o que ocorre na assistência, quando o terceiro, ciente da pendência de uma demanda que pode lhe causar prejuízo, intervém a fim de auxiliar o assistido. Será provocada, de seu turno, quando a parte originária, buscando resguardar direito próprio, pede a citação de terceiro para participar do processo. É o que sói acontecer na denunciação da lide.

Quanto ao comportamento do terceiro, pode ocorrer que este auxilie uma parte em juízo, buscando, assim, obstruir o reconhecimento de direito alheio. Nessa hipótese, seu papel será semelhante ao de um coadjuvante, daí falar-se em intervenção *ad coadiuvandum*. O exemplo clássico é o da assistência simples. De outra banda, pode suceder que o interesse do terceiro não seja simplesmente aderir à defesa de uma das partes, mas afastá-la do processo para alcançar direito que lhe é próprio. Aqui, haverá intervenção *ad excludendum*. É a hipótese da oposição.

No direito italiano, a intervenção de terceiros no processo dá-se sob a forma de voluntária (*intervento volontario*) ou compulsória

---

[35] Sobre a figura do *amicus curiae*, ver recente ensaio do Min. MILTON LUIZ PEREIRA, publicado na Revista de Processo, v. 27, n. 109, p.39, jan./mar. 2003, sob o título: Amicus Curiae – Intervenção de Terceiros. Também, FERREIRA MACIEL, Adhemar. *Amicus Curiae: Um instituto democrático*. Publicado no Jornal Síntese nº 63, maio/2002, p. 3.

(*intervento coatto*). As normas fundamentais sobre o tema encontram-se nos artigos 105, 106 e 107 do Código de Processo.

Tratando da intervenção voluntária, reza o art. 105 que: "ciascuno può intervenire in un processo tra altre persone per far valere, in confronto di tutte le parti o di alcuni di esse, un diritto relativo alloggetto o dipendente dal titolo dedotto nel processo medesimo. Può altresì intervenire per sostenere le ragioni di alcuna delle parti quando vi ha un proprio interesse".

A partir dessa feliz e sintética definição (*felice e sintetica definizione*),[36] a doutrina peninsular aponta três formas pelas quais a intervenção voluntária pode assumir.

Na primeira parte, aparece a intervenção principal (*intervento principale*, quando há litígio contra todas as partes) e a litisconsorcial (*intervento litisconsortile*, caso no qual o litígio envolve apenas algumas das partes originárias). Justificam-se a partir da conexão objetiva entre o processo originário e a demanda oferecida. Nesses casos, o interveniente ostentava legitimidade para ingressar com demanda própria, antes mesmo da propositura do processo alheio, pois se reputava titular do bem disputado por outros. Por fim, admite o dispositivo a participação de terceiro quando intente defender um interesse próprio e dependente. Neste caso, ocorre o "lintervento adesivo".

Os artigos 106 e 107 regulam a intervenção coativa (*intervento coatto*). Pelo primeiro dispositivo, é admitido que qualquer das partes originárias chame ao processo um terceiro, em razão da *comunanza di causa* ou pelo direito de garantia.[37] Como assevera La China, o conceito de *comunanza di causa* não pode ser entendido em sua acepção técnica, tal como a conexão, mas sim pelo seu interesse prático, pela sua *nozione empirica*. Ou seja, cabe ao magistrado verificar se a presença do terceiro terá o condão de facilitar o exercício pleno da jurisdição, sem importar em inconveniente delonga do processo.[38]

---

[36] Expressão de LA CHINA. *Manuale di Diritto Processuale Civile*, v. I, p. 232. Milano: Giuffrè, 2003.

[37] Art. 106: "Ciascuna parte può chiamare nel processo un terzo al quale ritiene comune la causa, o dal quale pretende essere garantita". Na realidade, "la coazione' che viene qui evocata non ha nulla di drammatico, di costrittivo, di forte, ma solamente significa che il terzo si vede diventare parte del processo senza averlo minimamente voluto, ma per il solo fatto di esservi citato, di esservi chiamato; in verità non vè più coazione qui di quanta ne subisca colui che è convenuto in giudizio, e che deve così subire la decisione dellattore di dare inizio al processo". (LA CHINA, op. cit., p. 236)

[38] Op. cit., p. 236.

Já no caso da garantia, há importantes características próprias que a distinguem da denunciação da lide brasileira. Antes de mais nada, na litisdenunciação, nosso Código permite que a mesma seja fundada tanto na garantia própria, como na imprópria. A única diferença será que quando não exercitada, haverá perda do direito na primeira, enquanto na segunda nada irá impedir o indigitado credor a acionar em regresso o responsável. Contudo, no direito italiano, a "chiamata in garanzia" é elaborada tão-somente com o objetivo de proteger as relações que derivam da garantia própria, entendida esta como explícita, pactuada ou imposta pela lei. Com a entrada da nova parte na demanda, surge a possibilidade do chamante ser substituído, pela via da extromissão (*l'estromissione*), figura desconhecida no direito brasileiro, com exceção do caso específico da nomeação à autoria.[39]

No direito italiano, a extromissão é regulada ao menos em duas clássicas hipóteses. No art. 108, que versa sobre a extromissão do garantido, quando o garante aceita sua condição e nenhuma das demais partes se opõe.[40] E no art. 109, que trata da extromissão do obrigado. É o caso do devedor que deposita o objeto da prestação em juízo, e não tem interesse em participar da contenda estabelecida entre seus indigitados credores para saber qual deles, de direito, deve levantar o depósito.[41]

No art. 107, é prevista a possibilidade de o próprio magistrado reclamar a presença de um terceiro na demanda. Nessa hipótese, então, prescinde-se da vontade das partes, as quais apenas poderão irresignar-

---

[39] Sobre o tema, LA CHINA: "se invece il chiamato doveva, per obbligo verso il chiamante, evitare a costui dincorrere in responsabilità verso un terzo – doveva veramente fargli acquistare la proprietà del bene o la titolarità del buon credito o, come lassicuratore chiamato ex art. 1917, ultimo comma, c.c., tenerlo indenne delle conseguenze del fatto dedotto in assicurazione – la garanzia è própria, cioè, dovuta, esplicita, pattuita o imposta dalla legge per lúnico processo, con spostamento della competenza per connessione ex art. 32, e la possibilità per il garante chiamato – anzi la doverosità se egli non contesta il rapporto di garanzia – di assumere la causa in luogo del garantito di farsi estromettere, non opponendosi le altre parti semplicemente con ordinanza del giudice, restando però assoggettato agli effetti della sentenza che verrà emessa contro il garante suo sostituto". (Op. cit., p. 239)

[40] Art. 108: "Se il garante comparisce e accetta di assumere la causa in luogo dal garantito, questi può chiedere, qualora le altre parti non si oppongano, la propria estromissione. Questa è disposta dal giudice con ordinanza; ma la sentenza di merito pronunciata nel giudizio spiega i suoi effetti anche contro l'estromesso".

[41] Art. 109: "Se si contende a quale di più parti spetta una prestazione e l'obbligato si dichiara pronto a eseguirla a favore di che ne ha diritto, il giudice può ordinare il deposito della cosa o della somma dovuta e, dopo il deposito, può estromettere l'obbligato dal processo".

se demonstrando a inconveniência da chamada do terceiro.⁴² Trata-se da intervenção "per ordine del giudice".

Parcela da doutrina italiana entende que a intervenção por ordem do juízo apresenta um caráter subsidiário (*ruolo sussidiario*) em relação à intervenção por iniciativa da parte prevista no art. 106 daquele diploma. A norma prevista no art. 107 serviria também como uma válvula de segurança (*valvola di sicurezza*), com o escopo de superar o grave óbice da preclusão, prevista no prazo fatal do art. 269, combinado com o art. 167, que é a resposta. Dessarte, mesmo a parte olvidando de instar terceiro a participar do processo, poderá o juiz a todo tempo suprir essa omissão, a fim de salvaguardar a utilidade do exercício do poder jurisdicional. Com a ordem para comparecimento de terceiro, o processo é suspenso até que a parte providencie a citação do terceiro para ingressar na demanda e, então, transformar-se em parte para eventualmente sofrer efeitos diretos da sentença. Caso não obedecido o comando, o processo é suspenso pelo prazo de um ano, período no qual pode a parte interessada cumprir o comando e regularizar a lide com a citação do "terceiro". Permanecendo inerte, o processo é extinto (cf. art. 270).⁴³

Mas qual a explicação para essa previsão? Sobre essa questão, a doutrina peninsular se debateu, afinal, admitir que mesmo contrariamente à vontade dos litigantes o magistrado pudesse reclamar a presença de um terceiro poderia se configurar em ato de arbitrariedade. Trocker sintetiza os argumentos favoráveis ao ativismo judicial neste tópico, salientando que o chamamento do terceiro justifica-se pelo reconhecimento pelo juiz de que, sem aquele, haverá um óbice para o perfeito desenvolvimento de sua função jurisdicional. Assim, o que legitimaria esse procedimento seria justamente a iniciativa das partes, as quais encontrariam no processo um obstáculo para resolver sua lide. Este obstáculo está consubstanciado na ausência de terceiro. Daí por que compete ao juiz sanear o feito, com vistas a permitir um julgamen-

---

[42] Art. 107: "Il giudice quando ritiene opportuno che il processo si svolga in confronto di un terzo al quale la causa è comune, ne ordina l'intervento".

[43] Assim LA CHINA: "Non è supérfluo poi sottolineare che il coinvolgimento nella lite del terzo, quandanche ritenuto dal giudice opportuno, non è mai da lui attuato direttamente ma sono sempre le parti, in ottemperanza al suo ordine, a dover citare in giudizio il terzo, e se nessuna vi provvede il processo viene cancellato dal ruolo su disposizione data dallo stesso giudice istruttore con ordinanza impugnabile – art. 270, CPV. (Op. cit., p. 237)

to válido, em razão da prejudicialidade das posições jurídicas de terceiro e das partes ("posizione del terzo coinvolta nel giudizio").[44]

Esse ativismo judicial parte do pressuposto de que é necessária a intervenção de todos os interessados quando, pela própria natureza da relação jurídica, ela seja necessária para que a decisão futura produza o seu efeito útil normal. E a decisão produzirá o seu efeito útil normal sempre que, não vinculando embora os restantes interessados, possa regular definitivamente a situação concreta das partes relativamente ao pedido formulado.[45] Observe-se que se trata propriamente de uma ordem ("lintervento per ordine del giudice"), uma vez que o poder do magistrado se exaure no convite às partes para chamar terceiro em virtude da "comunzanza di causa".[46]

No direito brasileiro, por evidente que o magistrado não pode ordenar a participação de terceiros, salvo se configurado o litisconsórcio necessário.[47] A atuação judicial, por conseguinte, é impedida de ir além dos limites propostos pelo art. 47 do Código, que define e regula seu procedimento.[48]

Somente dentro dessa perspectiva é que o órgão judicial pode ordenar ao autor promover a citação de todos os litisconsortes necessários, dentro do prazo que assinar, sob pena de declarar extinto o processo. Além disso, resulta inviável ao juiz brasileiro impor qualquer dos tipos de intervenção de terceiros. O máximo que pode fazer, dependendo das circunstâncias (caso da nomeação à autoria não exercitada) é extinguir o feito, aguardando que nova demanda seja instaurada. É inviável constranger o autor ou o réu a, por exemplo,

---

[44] *L'intervento per Ordine del Giudice*, p. 159-160.

[45] É com essa dicção que o Código português regula o litisconsórcio necessário (art. 28).

[46] TARUFFO, COMOGLIO e FERRI. *Lezioni sul processo civile*, p. 317. 2. ed. Bologna: Il Mulino, 1998.

[47] Não se confunde o litisconsórcio necessário com o litisconsórcio unitário. Este parte do vínculo estabelecido entre as partes que, por sua natureza, inviabiliza decisões incoerentes. A decisão que acerta a lide de um e de outro deve, portanto, ser definida a partir de similar acertamento. Daí afirmar DINAMARCO que "a unitariedade do litisconsórcio é sempre conseqüência da incindibilidade da situação jurídica ocupada pelos co-litigantes. Onde se mostre impossível oferecer a um deles determinada solução quanto ao *meritum causae* sem oferecer ao outro uma solução compatível com essa, eis a unitariedade". *Intervenção de Terceiros*, p. 92.

[48] Art. 47, CPC: "Há litisconsórcio necessário, quando, por disposição de lei ou pela natureza da relação jurídica, o juiz tiver de decidir a lide de modo uniforme para todas as partes; caso em que a eficácia da sentença dependerá da citação de todos os litisconsortes no processo. Parágrafo único. O juiz ordenará ao autor que promova a citação de todos os litisconsortes necessários, dentro do prazo que assinar, sob pena de declarar extinto o processo".

denunciar alguém à lide, ou chamar terceiro ao processo. Essas atividades estão fora de seu campo de atuação.

Em face das peculiaridades de cada espécie de participação e de suas conseqüências possíveis, a seguir serão analisadas sucessivamente, na ordem do Código.

2. Da assistência

2.1. Da assistência

Na linha do *caput* do art. 50 do Código de Processo, pendendo uma causa entre duas ou mais pessoas, o terceiro, que tiver interesse jurídico em que a sentença seja favorável a uma delas, poderá intervir no processo para assisti-la. Aqui aparece regulada a figura da assistência no processo civil brasileiro, uma modalidade de intervenção de terceiros que, na sua forma pura, permite ao "estranho" à lide originária auxiliar a defesa de uma parte. Ao contrário de outras formas de intervenção de terceiros, nas quais o ingresso depende de provocação, pela via de nova demanda (p. ex. oposição e denunciação), na assistência a participação do terceiro se dá de forma voluntária e no próprio bojo da demanda originária.[49] O regramento se assemelha à ordenança alemã, que no parágrafo 66 consagra a "nebenintervention" (intervenção adesiva).[50]

De acordo com o parágrafo único daquele dispositivo, a assistência tem lugar em qualquer dos tipos de procedimento e em todos os

---

[49] Nesse sentido, ATHOS CARNEIRO irá afirmar que essa intervenção não ocorre por via de "ação", e sim por "inserção". Dessa forma, para o autor, "o terceiro, ao intervir no processo na qualidade de assistente, não formula pedido algum em prol de direito seu. Torna-se sujeito do processo, mas não se torna parte. O assistente insere-se na relação processual com a finalidade ostensiva de coadjuvar a uma das partes, de ajudar ao assistido, pois o assistente tem interesse em que a sentença venha a ser favorável ao litigante a quem assiste." *In Intervenção de Terceiros*, p. 151. 14. ed. Rio de Janeiro: Saraiva, 2003.

[50] Assim: "§ 66 Nebenintervention (1) Wer ein rechtliches Interesse daran hat, daß in einem zwischen anderen Personen anhängigen Rechtsstreit die eine Partei obsiege, kann dieser Partei zum Zwecke ihrer Unterstützung beitreten. (2) Die Nebenintervention kann in jeder Lage des Rechtsstreits bis zur rechtskräftigen Entscheidung, auch in Verbindung mit der Einlegung eines Rechtsmittels, erfolgen."

graus da jurisdição; mas o assistente recebe o processo no estado em que se encontra, ou seja, não pode, em linha de princípio, pretender a repetição de atos praticados ou afastar a preclusão processual já operada.[51]

No direito brasileiro, costuma-se dividir a assistência sob duas modalidades: simples e litisconsorcial. Distinguem-se essas em razão do interesse a ser protegido pelo assistente. Na primeira, é apenas mediato, pois a relação de direito material discutida no processo entre assistido e seu adversário não faz parte da esfera jurídica do assistente, o qual somente será atingido reflexamente por seus efeitos. Na segunda espécie, a litisconsorcial, o liame é mais intenso, tendo em vista que o próprio assistente entretém relação de direito material com o adversário do assistido, sendo em tese legitimado para demandá-lo ou responder demanda desse.

Em razão das particularidades de cada qual, serão analisadas separadamente.

2.2. Espécies de assistência

2.2.1. Assistência simples

O terceiro que possui um interesse juridicamente relevante, uma vez titular de relação jurídica conexa com aquela originariamente deduzida em juízo, pode intervir na demanda alheia ainda que somente para sustentar as razões de uma das partes. Isto em razão de que, caso a parte que deseja auxiliar, sucumba na demanda, em vista da conexidade das relações o terceiro pode ser prejudicado.[52]

Na assistência simples, como dito, o assistente não está ligado juridicamente com o adversário de seu assistido. Ao contrário, ele terá

---

[51] DINAMARCO irá afirmar que ambos os assistentes tornam-se partes, embora o simples uma parte auxiliar: "ao intervir, o terceiro adquire a qualidade de parte. Qualquer que seja a modalidade de assistência, ele terá faculdades, ônus, poderes e deveres inerentes à relação processual. Tem a liberdade de participar, praticando atos do processo. É legitimado a recorrer de decisões desfavoráveis ao assistido. Está, como toda parte, sob sujeição ao poder exercido pelo juiz (art. 52). Mas, como o litígio não é seu, nem seu o direito que ele vem defender, o assistente não tem poderes de disposição sobre o processo ou sobre a relação jurídica substancial controvertida, nem está autorizado a contrariar as estratégias de defesa do assistido. É, portanto, uma parte auxiliar." *Instituições de Direito Processual Civil*, v. II, p. 388. São Paulo: RT, 2003.
[52] COMOGLIO, FERRI, TARUFFO, *Lezione sul Processo Civile*, p. 313.

relação com a própria parte que busca auxiliar.[53] Seu interesse reside na circunstância de que, caso seu assistido saia vitorioso, o assistente afastará parcela ou a totalidade de efeitos reflexos que sentença favorável ao adversário do assistido poderia ter sobre seu patrimônio jurídico. Sua assistência, então, limita-se a ajudar o assistido, sem jamais contrariar a vontade deste. Em razão de sua dependência às escolhas do assistido, costuma-se falar em assistência adesiva.

Essa nomenclatura de certa forma remonta à doutrina italiana, que cunhou a expressão "intervento adesivo dipendente" para opor ao "intervento adesivo autonomo". A intervenção será adesiva dependente (equivalente à nossa intervenção simples) em vista de que o interveniente tem o fito exclusivo de aderir a defesa alheia, não fazendo valer um direito autônomo, na medida em que é titular de uma relação dependente. Essas as três notas que caracterizam a assistência simples: a) "interveniente con esclusivo fine di adesione'"; b) "terzo che non fa valere un diritto autonomo" e c) "titolare di un rapporto dipendente".[54]

A rigor, o assistente adesivo não amplia o objeto do processo com uma relação jurídica nova. Seu objetivo é o de impedir que sentença futura lhe prejudique, mas desde o primeiro momento de seu ingresso está ciente de que é alheio à relação discutida e que, portanto, terá que se sujeitar ao poder de disposição do assistido.[55]

Na dicção do Código, na assistência adesiva simples, o assistente atua como auxiliar da parte principal, exercendo os mesmos poderes e sujeitando-se aos mesmos ônus processuais que o assistido.[56] Como refere Félix Fischer, "tendo em vista que a decisão no processo se favorável ao assistido, beneficiará indiretamente o assistente, a lei lhe atribui função de auxiliar, estabelecendo que terá os mesmos poderes

---

[53] LUIZ GUILHERME MARINONI se opõe, afirmando que "sendo assim, a afirmação de que o assistente simples deve, necessariamente, ter relação jurídica com a parte assistida, é falsa". Sobre o Assistente Litisconsorcial, p. 252.

[54] Cf. COMOGLIO, FERRI e TARUFFO, Op. cit., p. 313-314.

[55] ALVARO DE OLIVEIRA bem resume o fenômeno: "o assistente simples não traz ao processo a discussão da sua relação jurídica, mas limita-se a sustentar a posição da parte assistida na relação entre esta e o adversário; não afirma a sua titularidade, ativa ou passiva, de uma ação de direito material, ingressando no processo com a finalidade de impedir que a sentença do juiz produza, inclusive em via indireta e secundária, um prejuízo para ele. O seu interesse é apenas jurídico, porquanto a sentença proferida entre as partes só reflexamente interfere na esfera de seu direito. Não se pode sequer cogitar da extensão da coisa julgada material ao assistente simples". *Alienação da Coisa Litigiosa*, p. 173. 2. ed. Rio de Janeiro, 1986.

[56] Segundo o *caput* do art. 52: "O assistente atuará como auxiliar da parte principal, exercerá os mesmos poderes e sujeitar-se-á aos mesmos ônus processuais que o assistido".

e ficará sujeito aos mesmos ônus processuais que o assistido. Não pode, todavia, conforme prevê o art. 53 do CPC, obstaculizar os atos do assistido para dispor do seu direito. Sua atividade pode suprir omissões, mas eventual ato de vontade praticado pelo assistido deve prevalecer sobre o do assistente simples".[57]

Uma conseqüência direta dessa disciplina é que a assistência não obsta a que a parte principal reconheça a procedência do pedido, desista da ação ou transija sobre direitos controvertidos; casos em que, terminando o processo, cessa a intervenção do assistente.[58] Essa regra decorre da aplicação do princípio dispositivo, que conserva às partes originárias o direito de disporem de seu patrimônio jurídico. Permite que elas, mediante seu talante, elejam as matérias que querem colocar sob apreciação do órgão judicial e formatem o objeto litigioso livre de interferências. Como corolário dessa garantia, não pode o autor ser constrangido a demandar. E conta o demandado com a faculdade de admitir ou confessar os fatos alegados, e mesmo reconhecer a procedência do pedido. Esse juízo de conveniência é próprio das partes originárias, de modo que a sorte do assistente depende fundamentalmente do comportamento livre delas, não podendo discutir o mérito da posição assumida pelo auxiliado, afinal é este que entretém o alegado vínculo de direito material com seu adversário.[59]

---

[57] Trecho do voto proferido no julgamento pela 5ª Turma do Superior Tribunal de Justiça, do Recurso Especial nº 146.482/PR, DJ: 31/05/1999, p. 167.

[58] É o que reza o art. 53, CPC.

[59] Essas limitações também aparecem no intervento adesivo italiano, como se vê do excerto de LA CHINA: "di maggior momento è l'altra osservazione che lart. 105 suggerisce: nel primo comma l'interveniente fa valere un proprio diritto, nel secondo fa valere un proprio interesse a sostegno, in adesione, in aiuto - ad adiuvandum - del diritto altrui. In quest'ultimo caso insomma linterveniente non ha alcun diritto in gioco, e non ha in causa un averssario proprio; sta per cosi dire in seconda fila, combatte da dietro le spale della parte che sta aiutando seppur con proprie tesi, eccezione, prove; ma è la parte adiuvata, aiutata, che propriamente vince o perde la causa contro l'altra parte, e che vedrà riconosciuto il negato il diritto, che è suo e non dellinterventore adesivo. E il dare a quest'ultimo una posizione così subbordinata nonè soltanto una precisazione concettuale, ma ha concretissime conseguenze pratiche: l'interventore adesivo, poiché nonè titolare del diritto in contesto, e quindi non ne può disporre, non può iniziare lui la causa a tutela di quel diritto (si ricordi lart. 81 del Codice), non può in causa ricorrere a quei mezzi instrutori che invece pressupogno la capacita di disporre (giuramento, interrogatório formale), non può impedire la concilazione tra la parte da lui adiuvata e la controparte, non può impugnare la sentenza sui capi sfavorevoli alla parte adiuvata che essa però ritenga di accetare o tralasci di impugnare. Ma pur con queste limitazioni la figura dell'intervento adesivo è importante perché dà rilevanza e tutela giuridica sia pure per così dire di secondo grado, a situazioni di interessi che altrimenti, non essendo assistite da un potere di azione diretto contro chi indirettamente le ponde in rischio controvvertendo con la parte adiuvanda, resterebbero praticamente fuori della trama dei rapporti giuridicamente rilevanti." (Op. cit., p. 234)

Assim, se o assistido reconhecer a procedência jurídica do pedido, não poderá o assistente simples se opor. O mesmo fenômeno ocorre em caso de transação ou ainda quando o assistido se recusa expressamente a interpor recurso contra decisão que, em tese, lhe é favorável. Para superar esses óbices, deve o assistente simples demonstrar o conluio entre as partes originárias, fato que atesta sua função fiscalizadora dentro da demanda.

Sobre a legitimidade para recorrer em caso de sucumbência do assistido, embora existam decisões no sentido de que em qualquer caso não a ostenta o assistente simples, atenta aos efeitos sociais do processo, a jurisprudência vem se firmando na linha de que é permitido interpor recurso, desde que não haja manifestação do assistido no sentido contrário.[60] O Superior Tribunal de Justiça, por sua 5ª Turma, já reconheceu legitimidade recursal ao assistente, contanto que não haja manifesta contrariedade à vontade do assistido.[61]

Nesse ponto, conviria indagar se o assistente simples ao ingressar na demanda transformar-se-ia em parte. Majoritariamente, a doutrina não admite essa afirmação, pois o conceito preconizado de parte é restrito àquele que formula pretensão e em face de quem é formulada.[62] Como o assistente simples não faz nem uma coisa nem outra, deve ser terceiro, mesmo que ingresse no processo e participe do contraditório. Entretanto, não se pode negar que os poderes do assistente são muito similares aos de qualquer outra parte. É verdade que não poderá dispor do objeto discutido, tendo em vista que está ciente de que não titula

---

[60] TAMG, AP 339920-8, Uberlândia, 4ª C. Cív., Rel. Juiz Paulo Cézar Dias, j. 17.10.2001. Ementa: "Processual civil. Recurso de apelação. Assistente simples ou adesivo. Legitimidade para recorrer. Ausência. Na assistência simples ou adesiva o assistente não se torna parte no processo, mas, tão-somente, sujeito do processo, uma vez que ele não defende interesse próprio e nada pleiteia para si na lide. Logo, como a assistência simples cessa nos casos em que o processo termina por vontade do assistido (art. 53, do CPC), se o assistido não tiver recorrido, o assistente simples ou adesivo não tem legitimidade para recorrer, pois da inércia do assistido decorre sua aquiescência à sentença, o que provoca a coisa julgada".

[61] Nessa linha: "Processual civil. Assistente simples. Interesse para recorrer. Recurso especial. 1. Ao assistente é dado exercer os exatos poderes atribuídos à parte principal, sujeitando-se, assim, aos mesmos ônus processuais (CPC, art. 52). Vedado, tão-somente, é o recurso interposto em manifesta contrariedade à vontade do assistido. 2. Recurso Especial conhecido e provido, para cassar o Acórdão recorrido e determinar o retorno dos autos à origem, para que seja apreciado o mérito do apelo manejado pela União'. (STJ, 5ª Turma, Rel. Min. Edson Vidigal, RESP 260083/RJ, DJ: 25/09/2000, p. 135)

[62] Exemplificativamente, ATHOS CARNEIRO afirma que o assistente simples "torna-se sujeito do processo, mas não se torna parte". (*Intervenção de Terceiros*, p. 151. 14. ed. São Paulo: Saraiva, 2003)

direito próprio frente ao adversário do assistido. Mas, no mais, é uma parte auxiliar, que se interessa pelo resultado da demanda, para, no plano fático ou jurídico, melhorar sua situação. Daí a conveniência de entendê-lo como uma parte auxiliar.[63]

O caso típico é o da sublocação. Nesse caso, ao ser tornado litigioso o contrato de locação preteritamente firmado entre proprietário e locatário, poderá o sublocador ingressar na demanda com a finalidade de auxiliar seu contratante. Seu interesse jurídico consubstancia-se no efeito potencial da sentença da demanda, que, se procedente, irá extinguir o contrato de sublocação do qual participou.[64]

Discussão corrente na jurisprudência engloba o aproveitamento do prazo em dobro previsto no art. 191 para o assistente simples. A rigor, inexiste litisconsórcio formado entre assistente simples e assistido, em razão da inexistência de vínculo entre esses e o autor da demanda. Daí ser descabida a incidência da norma que oferta prazo dobrado para litisconsortes com distintos procuradores. O prazo, portanto, será simples para o assistente adesivo.[65]

Essa é a típica forma de assistência.

2.2.2. Assistência litisconsorcial

A figura do assistente litisconsorcial é regulada pelo art. 54, CPC. Reza esta norma que se considera "litisconsorte da parte principal o assistente, toda vez que a sentença houver de influir na relação jurídica entre ele e o adversário do assistido". Por isso, entende-se que o assistente seja, nessas hipóteses, "co-titular" do direito material discutido na demanda. Seu interesse, portanto, atinge a *mesma intensidade* do conflito de interesses do assistido em face de seu adversário.[66]

---

[63] Posição partilhada por CÂNDIDO DINAMARCO: "ao intervir, o terceiro adquire a qualidade de parte. Qualquer que seja a modalidade de assistência, ele terá faculdades, ônus, poderes e deveres inerentes à relação processual. Tem a liberdade de participar, praticando atos do processo. É legitimado a recorrer de decisões desfavoráveis ao assistido. Está, como toda a parte, sob sujeição ao poder exercido pelo juiz (art. 52 supra, n. 522). Mas, como litígio não é seu nem o direito que ele vem defender o assistente não tem poderes de disposição sobre o processo ou sobre a relação jurídica substancial controvertida, nem está autorizado a contrariar as estratégias de defesa do assistido. É, portanto, uma parte auxiliar" (*Instituições de Direito Processual Civil*, v. 2, p. 388).

[64] A Lei do Inquilinato (Lei nº 8.245/91) dispõe, em seu art. 15, que "rescindida ou finda a locação, qualquer que seja sua causa, resolvem-se as sublocações, assegurado o direito de indenização do sublocatário contra o sublocador".

[65] Assim: TJRS, AC nº 597029206, 7ª C.C., Rel. Des. Eliseu Gomes Torres, j. 18/06/1997.

[66] Cf. ATHOS CARNEIRO, *Intervenção de Terceiros*, p. 158.

Muito embora presente no direito italiano medieval, foi na ZPO alemã que o instituto consagrou-se nos moldes de como hoje se encontra na legislação brasileira. Com efeito, assim reza o § 69 do ordenamento tedesco: "toda vez que, segundo os preceitos do direito civil, a sentença proferida no processo principal haja de produzir efeito de coisa julgada sobre a relação jurídica existente entre o interveniente e a parte contrária, o interveniente adesivo será considerado litisconsorte da parte principal, no sentido do § 61".[67]

De pronto, observa-se que a assistência litisconsorcial difere da assistência simples, em vista de que nesta o assistente não defende interesse próprio em face do adversário do assistido. Mas também difere a assistência litisconsorcial da oposição, na qual a pretensão do oponente dirige-se, ao mesmo tempo, contra ambas as partes originárias (opostos). Na assistência litisconsorcial, ao mesmo tempo em que o assistente alia sua defesa ao do assistido, ele litiga em face do adversário comum preocupado em defender sua esfera jurídica, na qual há um vínculo jurídico com o adversário comum a ser diretamente influenciado pela sentença. Daí falar Ovídio Baptista em "uma forma oscilante entre o assistente simples e o oponente".[68]

Em vista de defender direito próprio frente ao adversário do assistido, o assistente litisconsorcial possui poderes típicos de parte, porque, seja pela atividade desenvolvida no processo, seja pela posição afirmada no mundo material, ele será tido como tal. Age, portanto, como seu assistido, tendo relativa liberdade para fazer valer os direitos que visa a tutelar. Sua atuação, se comparada com a do assistente simples, será mais ativa, justamente em função de sua posição perante o direito material discutido. Exemplificativamente, ao contrário do assistente simples, que se submete ao relativo império da vontade do assistido, tem o assistente litisconsorcial uma atuação mais autônoma, sendo-lhe facultado opor exceções, a fim de discutir a correta competência para o julgamento da causa, mesmo que relativa. Reside aqui uma diferença, pois o assistente simples apenas pode contestar a competência quando esta se mostrar absoluta, em razão do interesse públi-

---

[67] Aproveitamos, pela didática, a tradução de OVÍDIO BAPTISTA DA SILVA, em *Assistência Litisconsorcial*, p. 88. No original: "§ 69 Streitgenössische Nebenintervention Insofern nach den Vorschriften des bürgerlichen Rechts die Rechtskraft der in dem Hauptprozeß erlassenen Entscheidung auf das Rechtsverhältnis des Nebenintervenienten zu dem Gegner von Wirksamkeit ist, gilt der Nebenintervenient im Sinne des § als Streitgenosse der Hauptpartei".
[68] *Assistência Litisconsorcial*, p. 90.

co verificado na espécie. Não tem interesse jurídico em discutir competência relativa, diferentemente do assistente litisconsorcial.

Por isso, o assistente litisconsorcial é parte, em vista de sua co-legitimação para a causa.[69] Considerado como parte, é interessante indagar se o assistente litisconsorcial formaria litisconsórcio com seu assistido.

Nessa linha, Cândido Leal Junior, em estudo específico sobre a justificativa e função da assistência litisconsorcial no direito processual civil, posiciona-se radicalmente contrário à tese da formação do litisconsórcio facultativo unitário ulterior. Alinha os seguintes argumentos: (a) "primeiro, porque infringiria o regime da estrita legalidade a que se submete o litisconsórcio. Há necessidade de previsão legal para que as partes possam litisconsorciar-se, seja ativa ou passivamente. E não há norma legal que autorize o ingresso tardio do litisconsorte unitário facultativo originalmente ausente"; (b) "segundo, porque infringiria o princípio da estabilização do processo posto pelo art. 264 do CPC"; (c) "além disso, a admissão ulterior de um litisconsorte facultativo seria inconveniente, por atentar contra a economia processual". A partir dessas considerações, o autor conclui que "o litisconsórcio ulterior só é possível quando houver expressa previsão legal do ingresso tardio. No regime do litisconsórcio unitário e facultativo, não havendo tal permissão, é inadmissível o ingresso tardio de litisconsorte". Portanto, a assistência litisconsorcial supriria essa lacuna, servindo para que o litisconsorte facultativo unitário preterido pudesse ingressar no processo "com poderes suficientes à defesa eficiente e efetiva de seus direitos".[70]

Cândido Dinamarco partilha de semelhante entendimento, afirmando que "a má redação de dispositivos do Código de Processo Civil dá a entender que o assistente litisconsorcial não seja um assistente e sim um litisconsorte, mas essa idéia é inteiramente falsa. A locução considera-se litisconsorte, contida no art. 54, significa somente que as

---

[69] BERENICE DIAS obtempera: "como detém a titularidade da relação jurídica processualizada, sua entrada na demanda faz introduzir nova ação. Conforme a expressão legal do art. 54 do CPC, ingressa como litisconsorte, e sendo co-titular de situação jurídica única, tem autonomia processual. Resta, pois, o processo por enfeixar duas demandas, em simultâneo processo, formando-se o chamado litisconsórcio facultativo unitário. Por ocorrer em um momento posterior, a diversidade temporal não subtrai do interveniente a qualidade de parte". (*Intervenção de Terceiros*, p. 106. Rio de Janeiro: AIDE, 1993).

[70] *Justificativa e função da assistência litisconsorcial no direito processual civil*, p. 138-139.

possibilidades de atuação deste assistente serão tantas quantas as de uma parte principal, ou seja, tantas quanto as de um litisconsorte. Esse dispositivo tem somente o efeito de definir o tratamento destinado ao interveniente nos casos em que a assistência é qualificada por uma proximidade maior entre sua própria situação jurídica e a pretensão que o autor trouxera para julgamento".[71]

Preocupado em oferecer uma "solução coerente e cientificamente segura do enigma", Ovídio Baptista vai além. Após analisar as doutrinas germânica e italiana sobre o tema, não observa problema algum em considerar os assistentes litisconsorciais como litisconsortes do assistido, em vista do ingresso tardio no processo. E com razão, conclui que não há que espantar o fato desses litisconsortes terem poderes mais reduzidos que as partes originárias (como, por exemplo, desistir da ação ou modificar o objeto litigioso), afinal tais restrições se observam inclusive quanto aos litisconsortes necessários. Para este professor gaúcho, a medida que se ampliassem os poderes do assistente simples, diminuiria, na mesma proporção, a necessidade de se conceber a figura do assistente litisconsorcial. Esta findaria por se dissolver na classe dos litisconsortes sucessivos ou mesmo na assistência simples.[72]

Luiz Guilherme Marinoni vai além e, após estudar "os lindes desta abstrusa figura", conclui que "a antinomia está clara, impondo uma interpretação ab-rogante. É de se propor, pois, para que ocorra uma ab-rogação própria, a eliminação da norma do art. 54 do Código de Processo Civil do nosso ordenamento jurídico, porque aquilo que se pretendeu assistente litisconsorcial tem corpo e espírito de litisconsorte".[73]

De toda sorte, Pádua Ribeiro intenta ultrapassar tal impasse, sugerindo revisão legislativa que considere explicitamente o interveniente litisconsorcial como parte em um litisconsórcio. Oferece como solução a seguinte redação ao art. 54, CPC: "assume a posição de litisconsorte da parte principal o assistente, toda vez que a sentença houver de influir na relação jurídica entre ele e o adversário do assistido".[74]

---

[71] *Instituições*, v. 2, p. 391.
[72] Assistência litisconsorcial, *RePro* nº 58, p. 128.
[73] *Sobre o assistente litisconsorcial*, p. 257.
[74] *A Assistência no novo Código de Processo Civil*, p. 123.

Quanto ao aproveitamento do prazo em dobro, também o tratamento dispensado ao assistente litisconsorcial será diverso ao do adesivo simples. Este, como visto, não sendo litisconsorte de seu assistido, não faz jus ao benefício do art. 191, Código de Processo. Já o assistente litisconsorcial, tendo sua condição equiparada a de um litisconsorte, aproveita-se do beneplácito legal caso atue com procurador diverso de seu "assistido".[75]

2.3. Da revelia e da gestão de negócios

Interessante questão aparece quando se dá a revelia do assistido. Segundo o art. 52 do Código de Processo, o assistente em hipóteses tais tem a faculdade de ser o gestor de negócios.[76]

A figura da gestão de negócios vem disciplinada no Código Civil, a partir do art. 861. A característica marcante da gestão de negócios é que, através dela, o gestor, mesmo sem autorização do interessado, intervém em negócio alheio, dirigindo-o segundo o interesse e a vontade presumível de seu dono, ficando responsável a este e às pessoas com que tratar. Por seguro, quando a norma de direito material fala em "dono do negócio", no âmbito processual equivale a dizer "parte da relação processual" e indigitado titular da relação de direito material afirmada no processo.

Muitas são as particularidades da gestão de negócios. Exemplificativamente, "se a gestão foi iniciada contra a vontade manifesta ou presumível do interessado, responderá o gestor até pelos casos fortuitos, não provando que teriam sobrevindo, ainda quando se houvesse abatido". É o que ordena o art. 862 do diploma civil complementado pelo art. 863, que dispõe: "no caso do artigo antecedente, se os prejuízos da gestão excederem o seu proveito, poderá o dono do negócio exigir que o gestor restitua as coisas ao estado anterior, ou o indenize da diferença".

---

[75] Assim: "Processual e comercial. Falido. Massa. Litisconsórcio assistencial. Prazo em dobro para recorrer. I - O falido, ao participar ao lado da massa falida, no processo falimentar (habitação de crédito etc.), atua como seu assistente litisconsorcial, devendo-se beneficiar do prazo recursal em dobro previsto no art. 191 do CPC. II - Recurso conhecido e provido". (STJ, REsp 154.521/SP, 3ª Turma, Rel. Min. Waldemar Zweiter, DJ: 01/08/2000, p. 259)

[76] Art. 52, CPC: "O assistente atuará como auxiliar da parte principal, exercerá os mesmos poderes e sujeitar-se-á aos mesmos ônus processuais que o assistido. Parágrafo único. Sendo revel o assistido, o assistente será considerado seu gestor de negócios".

Ao gestor cabe envidar toda sua diligência habitual na administração do negócio, ressarcindo ao dono o prejuízo resultante de qualquer culpa na gestão.[77] Sempre que o gestor preterir o interesse do titular, em proveito de interesses seus, responderá pelas perdas e danos ocasionadas. Tão forte é a responsabilidade do gestor que mesmo que se faça substituir por outrem, responderá pelas faltas do substituto, ainda que seja pessoa idônea, sem prejuízo da ação que a ele, ou ao dono do negócio, contra ela possa caber.[78] Havendo mais de um gestor, solidária será a sua responsabilidade, de modo que nada impede, em tese, que dois ou mais assistentes partilhem a gestão do processo do assistido.

A contraprestação pelo trabalho do gestor se dá sob diversas formas. De plano, se demonstrado que o titular se aproveitou da gestão (o que no caso de assistência é comum) será obrigado a indenizar o gestor das despesas necessárias que tiver feito e dos prejuízos que, por motivo da gestão, houver sofrido.

Na linha do art. 869, CCB, se o negócio for utilmente administrado, cumprirá ao dono as obrigações contraídas em seu nome, reembolsando ao gestor as despesas necessárias ou úteis que houver feito, com os juros legais, desde o desembolso, respondendo ainda pelos prejuízos que este houver sofrido por causa da gestão. De todo oportuno lembrar que "a utilidade, ou necessidade, da despesa, apreciar-se-á não pelo resultado obtido, mas segundo as circunstâncias da ocasião em que se fizerem" (§1º, art. 869, CCB).

Caso o assistido ratifique os atos praticados, os efeitos dessa conduta retroagem ao dia do começo da gestão, determinando que a gestão produza todos os efeitos do mandato. Todavia, a fim de se evitar o enriquecimento injustificado do assistido revel, mesmo quando este compareça tardiamente e decida descompromissadamente não ratificar os atos praticados pelo assistente, haverá espaço para a aplicação subsidiária das normas que regulam o contrato de mandato. Tal análise é de ser feita mediante critérios objetivos, e não pela exclusiva vontade do assistido.

Por fim, pode ocorrer, na linha do art. 875, CCB, que os negócios alheios sejam conexos aos do gestor, de tal arte que não se possam gerir separadamente. Para esse caso, a solução preconizada pelo Códi-

---

[77] Art. 866, CCB.
[78] Art. 867, CCB.

go é de considerar assistente e assistido como sócios. Neste caso, aquele em cujo benefício interveio o gestor só é obrigado na razão das vantagens que lograr. É o que irá acontecer no mais das vezes nas demandas de assistência litisconsorcial.

2.4. Do interesse jurídico

Na linha do art. 50 do Código de Processo, o terceiro, para intervir na qualidade de assistente de uma das partes, deve demonstrar a existência de interesse jurídico que justifique a atuação em prol de seu assistido. A partir dessa fórmula propositadamente vaga, muito se discute em doutrina acerca de qual o "interesse jurídico" ("rechtliches Interesse", §64, ZPO) que poderia legitimar o manuseio da assistência. Com tal nomenclatura, certamente busca-se uma diferenciação. O adjetivo jurídico exclui em linha de princípio outras qualidades potenciais do substantivo.

Interesse jurídico, portanto, é diverso do interesse econômico, no qual o terceiro que pretende assistir outrem tem o objetivo de proteger o patrimônio do assistido a fim de satisfazer dívida sua.[79] Da mesma forma, não há permissão para o interesse meramente moral no julgamento do processo em favor do assistido.[80] E tampouco interesses social, classista, intelectual e partidário encontram acolhida no direito processual codificado.[81]

Nesse contexto, Dinamarco irá afirmar que: "o interesse que legitima a assistência é sempre representado pelos reflexos jurídicos que os resultados do processo possam projetar sobre a esfera de direitos do terceiro. Esses possíveis reflexos ocorrem quando o terceiro se mostra titular de algum direito ou obrigação cuja existência ou inexistência depende do julgamento da causa pendente, ou vice-versa".[82]

---

[79] Assim: "Agravo interno. Negativa de seguimento a agravo de instrumento. Intervenção de terceiro. Assistência. Não basta o simples interesse econômico para justificar a assistência. Interesse jurídico não comprovado. Recurso improvido. Unânime." (Agravo nº 70001061175, 15ª CC, TJRS, Rel. Otávio Augusto de Freitas Barcellos, j. 21/06/2000)

[80] TJRS, AC nº 598382943, 6ª C.C., Rela. Lúcia de Castro Boller, j. em 09/06/1999.

[81] Cf. EDSON PRATA. *Assistência no Processo Civil*, p. 57.

[82] *Instituições*, v.II, p. 386.

Exemplificativamente, haverá interesse jurídico do herdeiro intervir nas ações que envolvam o espólio.[83] Da mesma forma, quando o empregado, em ação acidentária movida contra o INSS, imputar a seu empregador a responsabilidade pelo acidente que sofreu ou moléstia de que se tornou portador, terá este último interesse jurídico em atuar no feito como assistente da autarquia, a partir do cotejo do artigo 120 da Lei n° 8.213/91, que regula o direito de regresso.[84] Na primeira hipótese, na modalidade qualificada. Na segunda, adesiva.

Historicamente, o requisito interesse sempre foi exigido nos requerimentos de assistência. Todavia, diante de critérios políticos, e preocupada em defender interesses próprios, a União Federal logrou aprovação de texto legal eximindo-a de preencher essa condição. Foi aprovada, então, a Lei 9.469/97, que assegurou à União a prerrogativa de intervir em processo alheio, prescindindo de interesse jurídico. Bastaria, para tanto, apontar um reflexo fático que lhe interessasse. Em face desta e de outras peculiaridades, o estudo da assistência da União Federal merece tópico específico.

2.5. Assistência da União Federal

A Constituição Federal, em seu artigo 109, inciso I, resguarda a competência da Justiça Federal para processar e julgar as causas em que ela, entidade autárquica ou empresa pública federal forem interessadas na condição de autoras, rés, assistentes ou oponentes, exceto as de falência, as de acidentes de trabalho e as sujeitas à Justiça Eleitoral e à Justiça do Trabalho. Dessa forma, sempre que houver assistência por parte da União Federal, a competência será da Justiça Federal.

Nessa linha, após muitas discussões, a jurisprudência também se firmou no sentido de que a Justiça Federal seria competente para apreciar o pedido de intervenção formulado pela União. Tal raciocínio seria conseqüência lógica da premissa maior que assegura à Justiça Federal a competência para julgar as demandas nas quais haja assistência de ente federal.

Preocupada em dirimir essa controvérsia, que, no início da década de 1990, ainda campeava nas Cortes Estaduais, a Corte Especial do Superior Tribunal de Justiça editou o enunciado de n° 150, afirmando

---

[83] 1° TACSP, AI 1044029-4, 12ª C., Rel. Juiz Andrade Marques, j. 23.10.2001.
[84] 2° TACSP, AI 713.395-00/0, 4ª C., Rel. Juiz Amaral Vieira, j. 03.05.2002.

que "compete à Justiça Federal decidir sobre a existência de interesse jurídico que justifique a presença, no processo, da União, suas autarquias ou empresas públicas".

Um dos acórdãos que deu origem à súmula analisa com objetividade a questão. Trata-se do Recurso Especial nº 52.726-0/SP. Nas razões de voto, o Relator, Ministro Ruy Rosado de Aguiar Junior, refere que solução contrária à prezada pelo entendimento sumulado implicaria desatenção à regra constitucional de distribuição de competência instituída na Constituição da República.[85]

Sabe-se que tal solução pode comprometer a celeridade processual, na medida em que a assistência pode ser oposta até a extinção do processo. Contudo, tendo em vista a raiz constitucional da distribuição da competência, preterir a Justiça Federal em nome da efetividade seria atacar frontalmente tantos outros princípios de igual envergadura, como o da segurança jurídica e do juiz natural.

Assim, se o processo ainda estiver em primeiro grau de jurisdição (p. ex. em Vara da Justiça Estadual), deve o mesmo ser encaminhado à Vara Federal competente, para que o magistrado com assento nela avalie a conveniência da intervenção. Na mesma linha, caso o pedido de assistência tenha lugar quando o processo que tramita na Justiça Estadual já se encontre em segundo grau de jurisdição (p. ex. no Tribunal de Justiça estadual), devem os autos ser remetidos para o Tribunal Federal paralelo (no caso do exemplo, o Tribunal Federal da Região Competente).[86] Nesta sede é que será analisada a existência ou não de interesse para facultar a assistência.[87] Perante os Tribunais

---

[85] Referiu o magistrado: "não sendo assim, ficaria com a Justiça Estadual proferir julgamento sobre a existência do interesse da União na causa, com desatenção à regra de distribuição de competência instituída na Constituição da República." O acórdão colaciona três ementas que também contribuíram para a cristalização da súmula. In DJ: 27.03.1995.

[86] Exemplificativamente: "Intervenção de terceiro. Assistente. ANATEL. Justiça Federal. Agravo de instrumento. O pedido de assistência pode ser formulado pelo terceiro quando do processamento do agravo de instrumento em segundo grau. Art. 50, § único, do CPC. Fundamentado o pedido feito pela Anatel, que é autarquia federal, cabe à Justiça Federal decidir sobre a sua intervenção (Súmula 150/STJ). Recurso conhecido e provido". (RESP 471084/MG, 4ª Turma, Rel. Ruy Rosado de Aguiar Júnior, DJ: 12/08/2003, p. 237)

[87] Em trabalho vencedor do 1º Concurso de Monografias Desembargador Celso Afonso Soares Pereira, realizado pela Associação dos Juízes do Rio Grande do Sul, em 1978, o magistrado ARI PARGENDLER, debruçado sobre a realidade de então, concluiu que "mais do que uma decorrência do sistema, a competência da Justiça Estadual (=Justiça do Trabalho) para indeferir o pedido de assistência da União é uma exigência da economia processual. Porque se a cada um desses pedidos o feito devesse ser paralisado para que a Justiça Federal dissesse do seu merecimento, bem pouca seria a funcionalidade da nossa estrutura judiciária". (A Assistência da União Federal nas Causas Cíveis, p. 46. Porto Alegre: *Coleção Ajuris* nº 14, 1979)

Superiores, problemas maiores não existem, pois os mesmos são competentes para apreciar as questões originárias das Justiças Estadual e Federal.

Dessarte, por seguro, é da Justiça Federal a competência para decidir se existe, ou não, interesse por parte da União para intervir em processo alheio. Todavia, ultrapassada tal questão com resposta negativa, retorna à Justiça Estadual a competência constitucional para processar a demanda.[88]

Um outro ponto de relativo interesse que toca diretamente ao tema da intervenção dos entes federativos em demandas alheias diz respeito à demonstração de interesse na causa. Até 1997, não havia dúvidas, visto que, tal como em qualquer outra demanda, a assistência regulava-se pela norma do Código de Processo Civil que exige a presença de interesse jurídico, entendido como aquele cristalizado em relação jurídica do interessado com uma das partes.

Sucede que a Lei nº 9.469, de 10.07.1997, transformou em lei a Medida Provisória nº 1.561, do mesmo ano, regulamentando a intervenção da União nas causas em que figurarem, como autores ou réus, entes da administração indireta. E, em seu artigo 5º, dispôs que "a União poderá intervir nas causas em que figurarem, como autoras ou rés, autarquias, fundações públicas, sociedades de economia mista e empresas públicas federais". Para espancar qualquer dúvida porventura remanescente, o parágrafo único do mesmo dispositivo tornou certo que "as pessoas jurídicas de direito público poderão, nas causas cuja decisão possa ter reflexos, ainda que indiretos, de natureza econômica, intervir, independentemente da demonstração de interesse jurídico, para esclarecer questões de fato e de direito, podendo juntar documentos e memoriais reputados úteis ao exame da matéria e, se for o caso, recorrer, hipótese em que, para fins de deslocamento de competência, serão consideradas partes".

---

[88] Nesse sentido, pacífica a jurisprudência do Superior Tribunal de Justiça, como se vê das seguintes ementas: "Conflito de Competência. Justiça Federal. Justiça Estadual. Exclusão da União e do Bacen. Decidido pelo juiz federal não ter a União e o Banco Central interesse na causa, enquanto não revista a decisão, terá o processo curso perante o juiz estadual". (STJ, CC 7.735/SP, Rel. Min. Cláudio Santos, in DJU 16.05.1994, p. 11.703). "Competência. Conflito. Justiça Federal e Justiça Estadual. Usucapião. Afastamento do interesse da União no feito. Precedentes. Competência da Justiça Estadual. Excluída, pelo Juiz Federal, a União da ação de usucapião, ao fundamento de não lhe assistir interesse jurídico, compete à Justiça Estadual processar e julgar o feito". (STJ, CC 17101/CE, Rel. Min. Sálvio de Figueiredo Teixeira, in DJ: 24/02/2003, p. 179)

Como se vê, não há qualquer menção ao "interesse jurídico". A norma faculta intervenção da União sempre que as pessoas jurídicas mencionadas forem parte. Trata-se de exceção à regra geral, supostamente elaborada para facilitar a preservação do patrimônio público. O interesse, no caso, é presumido pela participação de capital majoritário federal nas empresas públicas ou sociedades de economia mista e pela criação no caso das fundações.[89]

Ainda no que toca à assistência da União, Athos Gusmão Carneiro propõe discussão interessante, quando indaga quais os efeitos que podem decorrer do fato da União ou qualquer dos entes referidos desistir da intervenção. Tal circunstância pode determinar o deslocamento da competência? Deverão os autos ser encaminhados para a Justiça Estadual?[90]

Aqui, surge uma exceção à regra estabelecida em prol da espontaneidade da assistência, de modo que se a intervenção da União no processo fixou a competência da Justiça Federal para o julgamento da causa, já não é possível que o superveniente desinteresse da União faça a demanda retornar para a Justiça Estadual. Deve a União, se desinteressada pelo feito, apenas deixar o processo fluir, acompanhando-o passivamente. Essa orientação privilegia a seriedade do pronunciamento do ente público, evitando que a troca de administradores traga mais insegurança ao jurisdicionado. Seria, no âmbito processual, a chancela do princípio que impõe a cada um *non venire contra factum proprium*.

Nessa linha, a jurisprudência do Superior Tribunal de Justiça, com apoio na doutrina de Pargendler, firmou-se no sentido de vedar a desistência da União, em razão do tumulto processual que esta atitude acarreta. Uma vez deferida a assistência da União, com sua conseqüen-

---

[89] Anota GRECO FILHO: "daí podermos concluir que, em virtude da legitimação estabelecida pelo texto legal, a intervenção da União pode ocorrer, nas hipóteses citadas, ainda que o interesse de intervir seja meramente de fato ou, ainda, apenas para acompanhar o feito como observadora. Releva ressaltar, ainda, que fica afastada por incompatível com a nova sistemática legal a jurisprudência anterior restritiva à intervenção da União nas causas em que são partes as pessoas jurídicas acima enunciadas, inclusive no concernente à deslocação do foro para a sede da circunscrição da Justiça Federal, fato que, agora, parece inconteste. A lei criou, por conseguinte, uma figura especial de intervenção, não enquadrável nas hipóteses capituladas como de intervenção de terceiros no Código de Processo Civil, que tem como pressuposto apenas a posição da autora ou ré uma das pessoas referidas na lei e na vontade da União. O interesse, no caso, se presume pela participação de capital majoritário federal nas empresas públicas ou sociedades de economia mista e pela criação no caso das fundações". (*Direito Processual Civil*, v. 1, p. 151. Saraiva: Rio de Janeiro, 2003)
[90] *Intervenção de Terceiros*, p. 163.

te admissão, não pode a mesma voltar atrás em seu pronunciamento. Privilegia-se, assim, a seriedade das manifestações estatais.[91]

2.6. Momento da assistência e seu procedimento

O pedido de assistência pode ser formulado em qualquer momento do processo. O único limite temporal para que a assistência tenha cabimento é o trânsito em julgado. A partir desse momento, o terceiro interessado não poderá intentar proteger seus direitos subjetivos pela via desta modalidade, devendo analisar outro mecanismo jurídico processual.[92]

Em linha de princípio, a opção pela assistência depende tão-somente da vontade do assistente. Cabe, portanto, a este definir de qual forma poderá fazer valer seus interesses, tendo sempre presente que, caso opte pela assistência, receberá o processo tal como se encontra, não podendo repetir atos passados.

O pleito assistencial ocorre nos próprios autos do processo. Deve, naquilo que for aplicável, seguir a linha do art. 282 do Código de Processo, que elenca os requisitos da petição inicial. É claro que este dispositivo apenas serve como parâmetro para o oferecimento da petição, na medida em que, por exemplo, desnecessário será discutir o "valor à causa". O importante é que venham bem individualizados os fatos, os fundamentos e o objetivo da intervenção solicitada. É desse conjunto que o órgão judicial poderá atestar a existência de interesse jurídico, para chancelar a medida.

Após protocolada a petição, ao despachá-la, cumpre ao magistrado ordenar a intimação das partes, a fim de que estas, em 5 dias, digam o que entendem acerca da iniciativa do terceiro. Importante aqui é recomendável ao órgão judicial, antes de indeferir o requerimento de assistência, consultar as partes sobre seu posicionamento. Tal se dá em homenagem ao princípio do contraditório. Exceção a essa regra geral

---

[91] Nessa linha: Recurso Especial nº 164.635/SP, 2ª Turma, Rel. Min. Ari Pargendler, DJ: 25/05/1998, p. 89. No mesmo sentido, Recurso Especial nº 169.517/SP, 2ª Turma, Rel. para acórdão, Min. Ari Pargendler, DJ: 19/10/1998, p. 70.
[92] A norma vem insculpida no parágrafo único do art. 50, CPC: "Parágrafo único. A assistência tem lugar em qualquer dos tipos de procedimento e em todos os graus da jurisdição; mas o assistente recebe o processo no estado em que se encontra".

somente pode se dar quando for manifesta a impertinência da intervenção, exame que deverá ser realizado com amplo tempero.

A oposição das partes estará limitada à presença ou não do interesse jurídico por parte do assistente. Caso as mesmas entendam que falece tal condição ao interessado, cumpre ao magistrado analisar perfunctoriamente, em uma espécie de joeiramento prévio, se há interesse jurídico. Deve, então, sem suspender o processo, ordenar o desentranhamento da petição que requereu a assistência e da que a impugnou para a formação de novos autos em apenso. Nessa hipótese, haverá possibilidade de produção de provas.[93] Ao fim, se responder positivamente, seguirá o processo com a parte sendo assistida. Do contrário, indeferirá o requerimento, inviabilizando o ingresso do pretendente. Caberá a este, então, manejar agravo de instrumento para rediscutir a decisão.

É importante assinalar que, mesmo quando ambas as partes estiverem de acordo acerca do interesse jurídico do assistente, poderá o magistrado de ofício analisá-lo e obter convencimento em sentido contrário. Tal se dá em razão da indisponibilidade da matéria e do caráter público do processo. O que é conveniente é que primeiro o juiz faculte às partes posicionarem-se acerca do requerimento, para, ao depois, analisar os argumentos trazidos por cada um dos sujeitos do processo.[94]

Realizada a intervenção, ao final, caso o assistido fique vencido, também o assistente será condenado nas custas processuais, de acordo com "a atividade que houver exercido".

2.7. O efeito da intervenção e a coisa julgada na assistência

De acordo com o art. 55, "transitada em julgado a sentença, na causa em que interveio o assistente, este não poderá, em processo

---

[93] O procedimento é elaborado no art. 51: "Não havendo impugnação dentro de 5 (cinco) dias, o pedido do assistente será deferido. Se qualquer das partes alegar, no entanto, que falece ao assistente interesse jurídico para intervir a bem do assistido, o juiz: I - determinará, sem suspensão do processo, o desentranhamento da petição e da impugnação, a fim de serem autuadas em apenso; II - autorizará a produção de provas; III - decidirá, dentro de 5 (cinco) dias, o incidente".
[94] EDSON PRATA, nessa linha, irá afirmar que "não impugnado o pedido por nenhuma das partes, a assistência será deferida, isto se o magistrado entender sobejamente provado o interesse jurídico do assistente". (*Assistência no processo civil*, p. 59)

posterior, discutir a justiça da decisão, salvo se alegar e provar que: I - pelo estado em que recebera o processo, ou pelas declarações e atos do assistido, fora impedido de produzir provas suscetíveis de influir na sentença; II - desconhecia a existência de alegações ou de provas, de que o assistido, por dolo ou culpa, não se valeu".

Uma primeira indagação acerca do dispositivo diz respeito à sua aplicabilidade a ambos os assistentes. Ou seja, tanto o adesivo como o qualificado sujeitar-se-iam aos efeitos da intervenção? Ou em face do assistente litisconsorcial formar-se-ia a coisa julgada, a despeito de sua participação tardia em contraditório. Parcela da doutrina limita os "efeitos da intervenção" ao assistente simples, tendo em vista que o assistente litisconsorcial, enquanto parte, observa a coisa julgada.[95]

Pádua Ribeiro, exemplificativamente, após analisar a dicção legal (art. 54, CPC), justifica que "conseqüência é que, embora em ambos os casos a sentença atinja os intervenientes, na hipótese da assistência litisconsorcial produz coisa julgada contra os mesmos (C.Pr.Civil, arts. 42, § 3º; 54, 55 e 472). É bem verdade que o art. 55 do Código não afirma que a sentença produz coisa julgada contra o assistente litisconsorcial. Limita-se a asseverar que os efeitos da sentença atingem o assistente (devendo-se entender: tanto o simples como o litisconsorcial). A sua sujeição à coisa julgada, porém, decorre de preceito de direito material e fica condicionada à sua intervenção no processo".[96]

Em nosso sentir, não há problema em considerar que ocorre a formação de coisa julgada em face de um ou de outro assistente. Quando tratamos do conceito de parte, observamos que essa condição é altamente complexa, ora dizendo respeito à atividade processual desenvolvida pelo sujeito no processo, ou em vista da relação de direito material afirmada em juízo. E, ao fim, concluímos que não existe razão de ser para a manutenção da condição de terceiro, quando o sujeito ingressa no processo, participando ativamente do contraditório.

O que é importante, em tema de efeitos da intervenção, é deixar claro que, em razão da entrada tardia no processo, o assistente pode

---

[95] BERENICE DIAS é enfática: "cabe lembrar que, a ditos efeitos de intervenção, só está sujeito o assistente simples, uma vez que, ocorrendo a intervenção principal ou autônoma, o ingresso do co-legitimado o coloca na condição de parte, e como tal submete-se à sentença, e à coisa julgada." (Op. cit., p. 109) É a mesma posição de EDSON PRATA, *Assistência no Processo Civil*, p. 62: "utilizando-se da palavra influir, afigura-se-nos ter deixado claro que a esfera jurídica do assistente litisconsorcial é atingida pela sentença, pela sua parte dispositiva, revestida pela autoridade de coisa julgada".

[96] *A Assistência no novo Código de Processo Civil*, p. 123.

ter sua garantia ao contraditório afetada. Soaria, então, injusto submetê-lo sem reserva à eficácia da sentença proferida, sem ao menos consagrar formas alternativas de defender seus direitos em situações especiais. Assim, imaginemos a hipótese do interveniente que ingressa no feito em grau extraordinário de jurisdição e somente tem a oportunidade de produzir prova documental, sendo impedido de valer-se de outros meios determinantes. Se fosse reconhecida a formação típica da coisa julgada, um dos efeitos seria o de inviabilizar nova discussão frutífera, em vista dos estreitos limites da ação rescisória.

Nesse ponto, o Código português dispõe, no seu art. 341, tratando justamente do valor da sentença quanto ao assistente, que a decisão proferida na causa constitui caso julgado em relação a ele, que é obrigado a aceitar, em qualquer causa posterior, os fatos e o direito que a decisão judicial tenha estabelecido. Mas apresenta as duas exceções da legislação brasileira.[97]

Por isso, os efeitos da intervenção devem ser interpretados em favor de ambos os assistentes, ainda que se admita a formação de coisa julgada em face de um ou de ambos. Essa medida prestigia princípios constitucionais do processo (como o contraditório efetivo) e protege o jurisdicionado que, entrando tardiamente no processo, encontra dificuldades maiores em demonstrar a razão de suas alegações. Solução contrária restringiria a participação dos assistentes no processo, prejudicando a resolução completa das lides.

Qualquer dos assistentes, portanto, não pode em processo futuro discutir a justiça da decisão tomada. Os efeitos, dessa forma, chegam a superar aqueles da coisa julgada, no momento em que não se limitam à parte dispositiva da sentença.[98] Ao aduzir "justiça da decisão", certa-

---

[97] Art. 341º (Valor da sentença quanto ao assistente) "A sentença proferida na causa constitui caso julgado em relação ao assistente, que é obrigado a aceitar, em qualquer causa posterior, os factos e o direito que a decisão judicial tenha estabelecido, excepto: a) Se alegar e provar, na causa posterior, que o estado do processo no momento da sua intervenção ou a atitude da parte principal o impediram de fazer uso de alegações ou meios de prova que poderiam influir na decisão final; b) Se mostrar que desconhecia a existência de alegações ou meios de prova susceptíveis de influir na decisão final e que o assistido não se socorreu deles intencionalmente ou por negligência grave".

[98] Na linha do art. 469, não fazem coisa julgada: I - os motivos, ainda que importantes para determinar o alcance da parte dispositiva da sentença; II - a verdade dos fatos, estabelecida como fundamento da sentença; e III - a apreciação da questão prejudicial, decidida incidentemente no processo. Assim, na acepção puramente técnica, os limites objetivos da coisa julgada se restringem à parte dispositiva.

mente o Código refere que também os motivos foram os mais justos, não podendo ser rediscutidos. Quer isto dizer que eventual sentença futura, proferida em outro processo com a participação das mesmas partes, não poderá ser incoerente com a anterior, sob pena de violação do art. 55. A nota essencial do tema é a coerência entre os julgados. Daí ser inviável pretender discutir em processo futuro se a argumentação da sentença foi a mais correta. Os fatos acertados pelo juízo pretérito tornam-se indiscutíveis pela preclusão.

Sobre a distinção entre coisa julgada e efeito da intervenção, Marinoni e Arenhart salientam que: o efeito da intervenção não se confunde com a coisa julgada, sendo ao mesmo tempo mais restrito e mais abrangente que ela. Abrangente, porquanto não se resume ao dispositivo da sentença, invadindo sua motivação. Mais restrito, na medida em que o assistente conserva a possibilidade de afastá-los, demonstrando que "pelo estado em que recebera o processo, ou pelas declarações e atos do assistido, fora impedido de produzir provas suscetíveis de influir na sentença" ou que "desconhecia a existência de alegações ou de provas, de que o assistido, por dolo ou culpa, não se valeu".[99]

Assim, o dispositivo traz duas expressas exceções à regra geral. Vale dizer, caso o assistente demonstre que fora impedido de produzir provas suscetíveis de influenciar o julgamento ou que desconhecia a existência de provas que o assistido, por dolo ou culpa, não se valeu e que poderiam ter determinado sorte diversa no resultado da demanda. Para avaliar o cabimento da nova discussão, o operador deve atentar para os momentos previstos para a instrução probatória.

Dessa forma, deve o órgão judicial analisar o cenário dos autos, a fim de concluir se o escopo da assistência não será frustrado com a rediscussão de matéria preclusa. A exceção deve ser tratada como tal. Ou o litigante demonstra a má gestão processual do assistido ou comprova que, devido ao momento de ingresso na demanda, restou impossibilitado de produzir provas relevantes. Em todo caso, jamais poderá ser reaberta a discussão se for demonstrado que o assistente esperou propositadamente o entardecer do processo, com o intuito de se aproveitar da exceção prevista no Código.

---

[99] Op. cit., p. 189-190.

De toda sorte, sempre haverá espaço para qualquer dos assistentes demonstrar prática de conluio entre assistido e autor, em face do caráter público do exercício da jurisdição.[100]

2.8. *Amicus curiae* nas demandas de controle de constitucionalidade

Historicamente, não havia a possibilidade de assistência em ações de fiscalização abstrata de constitucionalidade. A jurisprudência do Supremo Tribunal Federal inclinava-se pelo seu indeferimento em razão de seu caráter objetivo.[101]

Todavia, a Lei nº 9.868, de 10.11.1999, que regulou o processo e julgamento da ação direta de inconstitucionalidade e da ação declaratória de constitucionalidade perante o Supremo Tribunal Federal, alterou tal posicionamento. Em seu art. 7º, consta a regra geral, pela qual "não se admitirá intervenção de terceiros no processo de ação direta de inconstitucionalidade". Contudo, no § 2º dessa norma, foi concedida ao relator da demanda a faculdade de admitir, pela via de decisão irrecorrível, a manifestação de outros órgãos ou entidades, desde que a relevância da matéria e a representatividade dos postulantes se fizessem presentes.[102] [103]

---

[100] Nesse sentido: "Embargos de Terceiro. Parte. Assistente. Ação de reintegração de posse. O adquirente de boa-fé que intervém, na fase da apelação, na ação de reintegração de posse que tramita entre outras partes, pode depois opor embargos de terceiro, alegando que houve conluio do autor e do réu revel. Art. 55, I, do CPC. Recurso conhecido e provido". (STJ, RESP 248.288/PR, 4ª T, Rel. Min. Ruy Rosado de Aguiar, DJU 19.06.2000, p. 00153)

[101] ATHOS CARNEIRO, *Intervenção de Terceiros*, p. 164.

[102] Reza o §2º do art. 7º que "O relator, considerando a relevância da matéria e a representatividade dos postulantes, poderá, por despacho irrecorrível, admitir, observado o prazo fixado no parágrafo anterior, a manifestação de outros órgãos ou entidades".

[103] GILMAR MENDES aplaude a inovação: "da mesma forma, afigura-se digna de realce a proposta formulada com o sentido de permitir que o relator, considerando a relevância da matéria e a representatividade dos postulantes, admita a manifestação de outros órgãos ou entidades (arts. 7º, § 2º, e 18, § 2º). Positiva-se, assim, a figura do *amicus curiae* no processo de controle de constitucionalidade, ensejando a possibilidade de o Tribunal decidir as causas com pleno conhecimento de todas as suas implicações ou repercussões". In A nova proposta de regulação do controle abstrato de normas perante o Supremo Tribunal Federal. In Revista do TST, v. 65, nº 1, p. 187. O professor MANOEL GONÇALVES FERREIRA FILHO, analisando a nova redação da Lei da Ação Direta de Inconstitucionalidade, aponta mais um indício favorável à participação do *amicus curiae*: "note-se, enfim, que a Lei abre a possibilidade de uma dilação probatória (art. 9º, § 1º). Isto certamente ensejará figura, não do assistente, mas a do *amicus curiae*". (O sistema constitucional brasileiro e as recentes inovações no controle de constitucionalidade (Leis nº 9.868, de 10 de novembro e nº 9.982, de 03 de dezembro 1999). *In Revista da Faculdade de Direito da UFRGS*, v. 18, p. 181)

De plano, nota-se que a lei não faz referência à assistência. E com razão, pois a assistência, enquanto meio de terceiro intervir em processo alheio, serve para a realização de direitos subjetivos. Já as demandas que tramitam no Supremo Tribunal Federal, enquanto Corte Constitucional, versam sobre o direito objetivo. Portanto, a justificativa para a criação e participação de entidades dotadas da devida projeção nacional é democratizar o exercício da jurisdição.[104]

O Ministro Adhemar Maciel, em sintético ensaio sobre a origem do *amicus curiae* no direito norte-americano, apresenta o Caso Gideon. Consta que um americano fora acusado de ter invadido domicílio alheio, cometendo um crime não punível com pena capital. De acordo com as leis de então do Estado da Flórida, quando não se tratasse de "crime capital", o julgamento poderia ocorrer sem que o réu contasse com a assistência técnica de advogado. Embora tendo pedido um defensor, o Tribunal negou o requerimento, alegando que "sob as leis do Estado da Flórida, a única modalidade em que o Tribunal tem de nomear um advogado para o réu é quando ele está sendo acusado de crime capital. Sinto muito, mas tenho que indeferir seu pedido para que um advogado possa defendê-lo (dativamente) neste caso". Houve condenação de 5 anos de prisão e interposição de *habeas corpus* perante a Suprema Corte da Flórida, com o argumento de que, ao privá-lo de defesa técnica, a Constituição Federal fora violada. A denegação da ordem determinou o *writ of certiorari* a ser apreciado pela Suprema Corte. Ao todo, intervieram cerca de 22 Estados e entidades públicas, cada um tendo apresentado suas razões. Foi, enfim, reformada a sentença e declarada sua absolvição. A partir desse exemplo, o autor

---

[104] ARNOLD WALD diferencia o *amicus curiae* da "assistência especialíssima" da seguinte forma: "Inspirando-se no direito norte-americano, introduzimos no Brasil, pela Lei nº 6.616 de 16.12.1978, que modificou a Lei nº 6.385, o amicus curiae, que no tocante ao mercado de capitais poderá esclarecer a Justiça sobre questões de direito ou de fato, podendo ou não assumir posição ao lado de uma das partes e funcionando como verdadeiro 'amigo do juiz'. Distinta é a situação prevista pelo parágrafo único do art. 5º da Lei nº 9.469/67, que cogita da possibilidade para as pessoas jurídicas de direito público de intervir em determinados feitos, ensejando inclusive o deslocamento da competência para a Justiça Federal, em casos nos quais existe interesse administrativo ou econômico, ainda que indireto, de evitar situações que possam prejudicar o bom funcionamento dos serviços públicos ou criar, por via oblíqua, ônus futuro para o Tesouro Nacional em processos nos quais não é parte, ensejando os conhecidos 'esqueletos' que alguns governos herdaram dos seus antecessores. Em tais casos, é legítimo e, em alguns casos, até obrigatório que o Poder Público venha a tomar a posição de parte, tratando-se de uma assistência especial de direito público que se equipara mas não se identifica com a prevista pela lei processual". Da competência das agências reguladoras para intervir na mudança de controle das empresas concessionárias. (*Jornal Síntese* nº 66, ago/2002, p. 5)

conclui: "vê-se, por esse exemplo, escolhido a esmo, a importância da participação de segmentos sociais, oficiais ou não, na formação da Justiça. Nada mais democrático e representativo. No Brasil, onde temos um sistema fechado e legal, essa democratização seria impensável".[105]

Assim, observa-se que a participação do *amicus curiae* nas demandas de controle de constitucionalidade colabora com a democratização do poder jurisdicional, facilitando a participação popular em seu exercício.

---

[105] *Amicus Curiae*: Um Instituto Democrático. *In Jornal Síntese* nº 63, mai/2002, p. 3. O autor ainda apresenta requisitos da Suprema Corte Americana para aceitação do *amicus curiae*: "A Rule 37 do Regimento Interno da Suprema Corte dos Estados Unidos, por exemplo, traz 6 itens e subitens sobre o Brief for an Amicus Curiae naquele Tribunal. Vamos, mais para dar uma idéia, pinçar os tópicos mais importantes: 1. O reconhecimento pela Corte da importância do instituto, uma vez que o amicus curiae deve trazer 'matéria relevante' (*relevant matter*) ainda não agitada pelas partes (*not already brought to its attention by the parties*). O dispositivo regimental lembra que se não for observado esse cânone (matéria relevante, não trazida antes), o *amicus* vai sobrecarregar inutilmente a Corte. 2. O *amicus curiae* deve trazer, por escrito, o assentimento das partes em litígio, nos casos especificados regimentalmente. Caso seja negado o consentimento, o *amicus* terá de juntar, com seu pedido, os motivos da negação para que a Corte aprecie. 3. Mesmo em se tratando de pedido de intervenção para sustentação oral, o *amicus* deve, ainda assim, juntar o consentimento das partes, por escrito, para que possa peticionar. 4. O *Solicitor General* não necessita de consentimento das partes para intervir em nome da União. O mesmo tratamento é reservado a outros representantes de órgãos governamentais, quando legalmente autorizados. 5. O arrazoado não deve ir além de cinco páginas. 6. Em sendo o caso, o *amicus* deve ser munido de autorização de seu representado, e fazer uma espécie de 'preparo' para custeio processual, salvo se a entidade estiver previamente arrolada como isenta".

3. Da oposição

3.1. Conceito

A intervenção principal (*Hauptintervention*) tem origem germânica. Na ZPO, aparece disciplinada a partir do § 64, que reza: "quem pretender, integral ou parcialmente, a coisa ou o direito, pretendido por outras partes que litigam, pode deduzir sua pretensão, através de ação contra ambas as partes, no próprio juízo onde a primeira demanda tramita, até a formação da coisa julgada desta".[106] Daí afirmar Oscar Vogel que "o interventor principal é alguém que detém uma pretensão que exclui o direito controvertido em demanda alheia. O interveniente principal é também parte principal em um novo processo".[107] É justamente esse tipo de intervenção que se aproxima da oposição do direito brasileiro, e não a oposição de terceiro (*Prätendentenstreit*, prevista no § 75). Através desta última, pode o devedor consignar a coisa em juízo e ser excluído da demanda, deixando ambos os sedizentes credores litigarem até que a sentença final defina qual a titularidade da coisa.[108]

O professor de Passau, Joachim Musielak, conceitua a *Hauptintervention* como o meio que permite que um terceiro (*Hauptinterve-*

---

[106] Tradução livre. No original: "Wer die Sache oder das Recht, worüber zwischen anderen Personen ein Rechtsstreit anhängig geworden ist, ganz oder teilweise für sich in Anspruch nimmt, ist bis zur rechtskräftigen Entscheidung dieses Rechtsstreits berechtigt, seinen Anspruch durch eine gegen beide Parteien gerichtete Klage beim dem Gericht geltend zu machen, vor dem der Rechtsstreit im ersten Rechtszuge anhängig wurde".

[107] Tradução livre. No original: "Hauptintervention ist, wer am Streitgegenstand ein besseres, beide Parteien ausschliessendes Recht behauptet und dieses durch eine gegen beide Parteien gerichtete Klage geltend macht. Der Hauptintervenient ist also Hauptpartei in einem neuen Prozess." (*Grundriss des Zivilprozessrechts*, p.148)

[108] Nessa linha, OTHMAR JAEURNIG, *Zivilprozessrecht*, p. 323-4 e JOACHIM MUSIELAK, *Gurndkurs ZPO*, p. 222.

nient) demande ambas as partes de um processo pendente, em razão de possuir, parcial ou totalmente, pretensão sobre o direito ou o bem discutido.[109]

Nesse sentido, entendem-se as razões pelas quais no Projeto originário de Buzaid, a oposição, tal como hoje conhecemos, vinha disciplinada em capítulo diverso, cujo título era "Do Litisconsórcio e da Intervenção Principal".[110] Essa nomenclatura em tudo se assemelha à do direito germânico (*Hauptintervention*).

A figura aparece, imiscuída com outras formas de intervenção, sob o título geral de intervenção voluntária (*intervento volontario principale*). Com efeito, o art. 105 do Código Processual admite que terceiro possa intervir em processo alheio para fazer valer, contra ambas ou alguma(s) parte(s), um direito relativo ao objeto ou dependente do título deduzido na demanda.[111]

A amplitude do dispositivo italiano é bem apercebida por Tarzia, quando elenca hipóteses de intervenção voluntária (*intervento volontario*). Seria o caso: (a) daquele que faz valer um direito relativo ao objeto ou dependente do título deduzido em juízo em confronto com as partes originárias (a intervenção principal, que introduz no processo uma nova lide, colocando cada parte como antagonista das demais, dando lugar a um processo regulado, na opinião do autor, pelo litisconsórcio necessário); (b) de quem faz valer um direito relativo ao objeto ou dependente do título deduzido em juízo, mas em confronto com somente alguma(s) da(s) parte(s) (hipótese de intervenção litisconsorcial ou adesiva autônoma, que enseja litisconsórcio facultativo sucessivo); (c) de quem propõe no processo a mesma demanda já proposta por uma das partes (intervenção do co-legitimado, p. ex. do

---

[109] No original: "als Hauptintervention, die in den §§ 64 und 65 geregelt ist, wird die Klage eines Dritten (des Hauptintervenienten) gegen die Parteien eines anhängigen Rechtsstreits (=Haupt – oder Erstprozess) bezeichnet durch die er eine Sache oder ein Recht, worüber im Erstprozess gestritten wird, ganz oder teilweise für sich in Anspruch nimmt". Tradução livre: "pela intervenção principal, prevista nos parágrafos 64 e 65, há uma demanda do terceiro (interveniente principal) contra as partes de processo pendente (processo principal ou primeiro), com a pretensão sobre a coisa ou o direito nele disputado". (*Grundkurs ZPO*, p. 220. 6. Auflage. München: Beck, 2002)

[110] Cf. HERMANN ROENIK, *Intervenção de Terceiros*, p. 29. Rio de Janeiro: AIDE, 1995.

[111] No original, art. 105: "ciascuno può intervenire in un processo tra altre parti o di alcune di esse, un diritto relativo alloggetto o dipendente dal titolo dedotto nel processo medesimo. Può altresì intervenire per sostenere le ragioni di alcuna delle parti, quando vi ha un próprio interesse." Já se vê que o artigo regula mais de um tipo de intervenção, facultando inclusive a intervenção *ad adiuvandum* em sua parte final.

sócio legitimado a impugnar a mesma deliberação assemblear já impugnada pelo autor, quando haverá um litisconsórcio ulterior); (d) de quem se limita a sustentar as razões de alguma das partes, tendo interesse (intervenção adesiva dependente: intervenção que não influencia a unidade do objeto do processo e que atribui, segundo o autor, ao interventor adesivo os mesmos poderes do Ministério Público, enquanto interventor pelo art. 72, 2, do CPC italiano).[112]

Vê-se que o Código de Processo italiano sintetizou em apenas um dispositivo várias formas de intervenção. As normas relativas à oposição, tal como esparsas pelo Código brasileiro, não apresentam tamanha dimensão. Seu regramento, nesse sentido, é bastante particular, o que a faz distinguir-se das demais formas de ação de terceiros. É um tipo de intervenção espontânea de terceiro, que se julga titular da coisa ou do direito discutido em processo alheio. O opoente, nesse sentido, deduz pretensão contrária à do autor e à do réu, jamais auxiliando qualquer dessas partes. Nesse sentido, o art. 56 do CPC, que abre a primeira seção do capítulo dedicado à intervenção de terceiros, bem expõe o objetivo dessa modalidade: "quem pretender, no todo ou em parte, a coisa ou o direito sobre que controvertem autor e réu, poderá, até ser proferida a sentença, oferecer oposição contra ambos".[113]

Já se vê que o opoente não auxilia determinada parte, mas litiga contra ambas. Logo, não há que se falar em intervenção *ad adiuvandum*, mas sim em um verdadeiro interesse *ad excludendum*.[114] Sobre esse ponto, adverte, com razão, o professor Francisco Fraga do Couto que "a expressão *excluir*, contida na conceituação da oposição, não

---

[112] Cf. GIUSEPPE TARZIA. *Lineamenti del nuovo processo di cognizione*, p. 93-4.

[113] DINAMARCO assim conceitua o instituto: "oposição é a demanda mediante a qual terceiro deduz em juízo pretensão incompatível com os interesses conflitantes de autor e réu de um processo cognitivo pendente. O que caracteriza a pretensão desse terceiro, aqui chamado opoente, é o pedido de tutela jurisdicional em relação ao mesmo bem que as partes originárias disputam." (*Instituições de Direito Processual Civil*, p. 282)

[114] Nessa linha, MARINONI e ARENHART defendem que "a participação do opoente, dessa forma, visa à exclusão (intervenção ad excludendum) das "pretensões" do autor e do réu sobre o objeto litigioso do processo. Trata-se do sujeito que entende que nenhum dos primitivos sujeitos da relação processual tem razão quanto à demanda, mas que o direito lhe pertence. Esta é a tônica da oposição e é também sua função: acoplar no processo já instaurado a ação deste "terceiro", que pretende, da mesma forma como fez o autor da ação primeira, a coisa ou o direito objeto desta. Obviamente, como se tem por evidente, trata-se de duas ações conexas, que normalmente seriam distribuídas a um só juiz: porém, para facilitar ainda mais a solução integral da controvérsia, para além da conexão a oposição gera a reunião, em um único processo, de ambas as ações, julgando-se de uma só vez as pretensões exercidas sobre o objeto do processo." (*Manual do Processo de Conhecimento*, p. 190)

significa excluir os litigantes do primitivo processo de seus pólos, na relação processual por eles formada, mas sim de excluir as pretensões dos mesmos sobre o objeto do litígio".[115]

Trata-se de mera faculdade de terceiro, tendo em vista que, caso não proponha a oposição, não será atingido pela coisa julgada do processo no qual não interveio. Nesse sentido, poderá inclusive propor sua ação autônoma, posteriormente, a fim de ver apreciada sua pretensão, perdendo apenas as vantagens que poderia lhe oferecer o manejo do veículo processual mais adequado, como, por exemplo, a economia processual e os efeitos da citação.[116] Fala-se, então, em intervenção espontânea com o escopo de evitar no mundo fático eventual dano decorrente da sentença proferida em processo alheio.[117]

A oposição é uma demanda, na qual o opoente vai a juízo deduzir pretensão sua. Por isso, uma vez oferecida a oposição, o terceiro transforma-se em parte ativa, instando, no outro lado do pólo, a formação de litisconsórcio defensivo necessário, entre autor e réu originários. É uma ação proposta contra autor e réu do processo "primitivo".[118] O opoente somente pode ser tido como terceiro, enquanto ausente da relação processual. Ao apresentar sua petição, transforma-se em parte, inaugurando nova demanda. Essa conclusão em nada inova, antes confirma a regra de Liebman no sentido de que através de três formas

---

[115] E prossegue o mestre bageense: "caso contrário, se o sentido fosse o de excluir os litigantes do processo originário de suas respectivas posições processuais, não restaria sujeito passivo para o opoente dar continuidade a sua pretensão, ou seja, não se angularizaria a relação processual, na intervenção principal." (*Procedimento na Ação de Oposição*, p. 17)

[116] Nesse sentido, o magistério de ALVARO DE OLIVEIRA, apoiado em lições de PONTES DE MIRANDA: "note-se que as partes da ação principal, em caso de oposição, situam-se em face do opoente, como litisconsortes passivos, com interesse comum na sua derrota. E isto porque o opoente ingressa no processo pendente, ex *hipothesis*, com pretensão própria sobre a coisa ou o direito objeto da lide, buscando fazer com que sua pretensão prevaleça sobre as pretensões tanto do autor quanto do réu. Há, com a oposição, a propositura de uma nova demanda: o opoente exercita ação sua, com pretensão toda sua, e pede o que está em contradição com o que o autor da ação ajuizada pede e o réu, nela, contesta, e com o que o réu, por sua vez, afirma, defendendo-se'. A característica principal da oposição é a de constituir demanda objetivamente nova do opoente, com vistas a fazer valer um direito próprio contra as duas partes do processo principal. Por outro lado, a oposição é sempre facultativa, não produzindo a sentença proferida entre as partes do processo pendente coisa julgada em relação ao terceiro que não interveio." (*Alienação da Coisa Litigiosa*, p. 171. 2. ed. Rio de Janeiro: Forense, 1986).

[117] Cf. ROENICK, *Op. cit.*, p. 31.

[118] Não há, em verdade, qualquer relação de acessoriedade entre a ação primitiva e a oposição, não havendo uma ação principal. Entretanto, adota-se tal terminologia apenas para se referir ao processo primeiramente ajuizado e que desencadeou a propositura da oposição.

pode-se adquirir a qualidade de parte no processo, dentre as quais pela via das modalidades de intervenção.[119]

Como dito, a pretensão do oponente vai de encontro à dos litisconsortes passivos. Daí falar-se em *incompatibilidade substancial*, tendo em vista que o oponente visa a excluir o direito de ambas as partes originárias (autor e réu), as quais agora somam seus esforços para obstruir o reconhecimento do alegado direito do oponente. Para que seja caracterizada a oposição, faz-se necessária uma *litispendência inter alios*, eis por que, conforme o próprio nome indica, o demandante opõe-se a uma pretensão discutida em juízo por autor e réu.

Com razão, a jurisprudência restringe o cabimento da aplicação ao processo de conhecimento, em vista de sua natureza cognitiva.[120] Na execução, caberá, conforme o caso, embargos de terceiro para que o interessado defenda seus bens da constrição indevida.

3.2. Momento para propositura

O Código de Processo Civil, em seu art. 56, explicita que a oposição somente é cabível até ser proferida a sentença. Portanto, há que se falar em oposição tão-somente em primeiro grau de jurisdição.[121] Bem diferente do ordenamento alemão, que faculta a ação até o trânsito em julgado da demanda primitiva (*bis zur rechtskräftigen Entscheidung dieses Rechtsstreits berechtigt*, § 64, ZPO). Caso o processo já se encontre no 2º grau de jurisdição, no sistema brasileiro, caberá, então, ao interessado, oferecer demanda autônoma a fim de preservar os direitos que alega ostentar.[122]

---

[119] Assim o magistério de LIEBMAN: "la posizione di parte si acquista: a) per effetto della domanda introduttiva del processo; b) per effetto di successione nella posizione della parte originaria; c) per effetto di intervento volontario o coatto, in un processo pendente". (*Manuale di Diritto Processuale Civile*, v.1, p. 87. 6. ed. Milano: Giuffre, 2000)

[120] Nessa linha: "Execução. Intervenção de terceiro. Oposição. Incabimento. Agravo. Recurso Improvido. A jurisprudência, majoritariamente, tem interpretado: 'não cabe oposição em execução' (In Theotônio Negrão, *CPC anotado*, 31ª edição, 2000, anotação ao art. 56)." (TJBA, AG 7.848-7/00, 2ª C.Cív. Relª Desª Maria Eleonora Cajahyba, j. 12.09.2000)

[121] Nesse sentido: "Ação de despejo. Oposição. A oposição deve ser oferecida até ser proferida sentença no processo principal, pois é prejudicial relativamente aquela ação. Incabível seu ajuizamento após a decisão terminativa, com prazo recursal em curso. Arts. 56 e 61, do CPC." (AC nº 70000189480, 16ª C.C., TJRS, Rel. Des. Paulo Augusto Monte Lopes, j. 31/05/2000)

[122] Refere ATHOS GUSMÃO CARNEIRO: "se a sentença já foi proferida (e está, por exemplo, correndo o prazo para recurso, ou está pendente recurso em Superior Instância), não é mais

Poderá ser distinto, entretanto, o procedimento da oposição, conforme seja deduzida antes ou depois de iniciada a audiência de instrução e julgamento. É o que está disposto nos arts. 59 e 60 do CPC, podendo haver uma oposição interventiva (se apresentada antes da audiência de instrução e julgamento) ou autônoma (quando proposta após iniciada a audiência de instrução e julgamento).[123]

Considera-se oposição interventiva aquela que é proposta antes de iniciada a audiência de instrução e julgamento, estando disciplinada no art. 59 do Código de Processo Civil, devendo ser apensada aos autos principais, correndo ambas as ações simultaneamente, sendo necessariamente julgadas na mesma sentença.[124]

É autônoma a oposição oferecida depois de iniciada a audiência de instrução e julgamento. Aqui não há um incidente no processo, mas sim um processo incidente. Encontra-se disposta no art. 60 do CPC e seguirá o procedimento ordinário, sendo julgada sem prejuízo da causa principal, para evitar que a tardia apresentação da oposição venha a atrasar a marcha do processo anterior.[125]

Pode, conforme o caso, ser julgada em conjunto com a causa primitiva, sendo possível o sobrestamento do feito anterior à espera da instrução da oposição, pelo prazo de até 90 dias. Embora silente a lei, não se trata de prazo fatal. Deve o juízo verificar acerca da conveniência de se aguardar a instrução da oposição antes de decidir a lide principal. Pode ocorrer, inclusive, que o direito das partes seja melhor preservado caso necessário esperar período superior aos 90 dias, hipótese na qual não estará o juízo adstrito a definir qualquer dos feitos à míngua de madura cognição. Deve ficar bem claro, entretanto, que tal somente pode suceder quando bem sopesada a conveniência e essa demora não puder ser imputada as partes, em especial o opoente, pois o que a norma visa impedir é a tardança irrazoável da prestação. De

---

cabível o ajuizamento da ação de oposição. A pessoa interessada no objeto da lide entre A e B deverá, simplesmente, ajuizar a demanda que entender adequada contra A, ou contra B, ou contra A e B. Mas já não será uma ação de oposição". (*Intervenção de Terceiros*, p. 75)

[123] DINAMARCO, op. cit., p. 48.

[124] Art. 59, CPC: "A oposição, oferecida antes da audiência, será apensada aos autos principais e correrá simultaneamente com a ação, sendo ambas julgadas pela mesma sentença".

[125] Art. 60, CPC: "Oferecida depois de iniciada a audiência, seguirá a oposição o procedimento ordinário, sendo julgada sem prejuízo da causa principal. Poderá o juiz, todavia, sobrestar no andamento do processo, por prazo nunca superior a 90 (noventa) dias, a fim de julgá-la conjuntamente com a oposição".

outro lado, zela pela segurança jurídica quando busca evitar decisões contraditórias.

3.3. Procedimento da oposição

A oposição deve ser oferecida pelo terceiro interessado que tem pretensão contrária a ambas as partes da ação principal. É uma ação distribuída por dependência, a ser manejada até a prolação da sentença.

3.3.1. Da petição inicial

A petição inicial da oposição obedece à disciplina geral do art. 282. Por isso, deve indicar (I) o juiz ou tribunal a que é dirigida;[126] (II) os nomes, prenomes, estado civil, profissão, domicílio e residência do autor e do réu; (III) o fato e os fundamentos jurídicos do pedido; (IV) o pedido, com as suas especificações; (V) o valor da causa;[127] (VI) as provas com que o autor pretende demonstrar a verdade dos fatos alegados; e (VII) o requerimento para a citação do réu. Sobre a citação, aliás, deve ser registrado que os opostos são citados na pessoa dos seus advogados, mesmo que não possuam poderes especiais para receber citação, tratando-se de exceção ao art. 38 do Código de Processo Civil.[128] Faltando qualquer dos requisitos supra elencados, deve o magistrado, ainda antes de ordenar a citação, instar o oponente a sanar sua

---

[126] A competência para a oposição é a do juiz da causa principal. Entretanto, quando o oponente tiver foro privilegiado, deverá ocorrer o deslocamento de competência.

[127] Que deve corresponder ao valor econômico perseguido pelo oponente: "Valor da Causa. Oposição. Situação em que aquele valor há de corresponder, no máximo, ao da ação principal. Pressuposto, todavia, de sintonizar-se o pedido feito na oposição ao que preceitua o artigo 56, do Código de Processo Civil, perseguindo o oponente, 'no todo ou em parte, a coisa ou o direito sobre que controvertem autor e réu'. Espécie em que, bem ou mal, o oponente traça limites mais amplos para sua pretensão, de sorte a não poder invocar limite máximo, para o valor da causa, na oposição, conforme o fixado na ação principal. Obediência, então, à regra basilar, segundo a qual o valor da causa será o correspondente ao conteúdo econômico da pretensão. Agravo não provido." (AI 202.476-4/9, Presidente Prudente, 10ª Câmara de Direito Privado, Rel. Quaglia Barbosa - 07.08.01)

[128] Reza o art. 57, CPC, que "o oponente deduzirá o seu pedido, observando os requisitos exigidos para a propositura da ação (artigos 282 e 283). Distribuída a oposição por dependência, serão os opostos citados, na pessoa dos seus respectivos advogados, para contestar o pedido no prazo comum de 15 (quinze) dias. Parágrafo único. Se o processo principal correr à revelia do réu, este será citado na forma estabelecida no Título V, Capítulo IV, Seção III, deste Livro".

peça portal, pela via da emenda.[129] Não sanado o vício, a extinção do processo é de rigor.[130]

Portanto, a inicial deve vir acompanhada dos documentos indispensáveis à propositura da ação, ou seja, de prova documental acerca da titularidade da coisa ou do direito que é controvertido no processo. Tal exigência visa a permitir o contraditório amplo no processo, afinal caso pudesse a parte esconder os documentos, a fim de evitar seu confronto com a prova testemunhal, por exemplo, restringida seria a participação efetiva dos demais sujeitos. Todavia, é evidente que os documentos produzidos após a distribuição da oposição, poderão ser juntados no decurso da demanda, bem como aqueles cuja existência o opoente somente tomou conhecimento após ingressar nos autos, pois neste caso não terá havido dolo em seu proceder.

3.3.2. Da citação

De plano, exsurge uma questão interessante no que toca à forma pela qual os opostos são chamados ao processo. A dicção do art. 57 é clara no sentido de que "distribuída a oposição por dependência, serão os opostos citados, na pessoa dos seus respectivos advogados". Diante desse quadro, pode surgir uma dúvida acerca do modo pelo qual os procuradores dos opostos receberiam a citação em nome daqueles.

Scarpinella Bueno enfrenta o tema de maneira explícita, concluindo que "a lei é clara quanto à exigência de se tratar de citação e não de mera intimação. Por isto é que é mais correto o entendimento de que este ato deve ser praticado pessoalmente, sendo indiferente que o

---

[129] Permissão de emenda da inicial: "Oposição. Art. 56 do CPC. Ação de despejo. Possibilidade. Inépcia da inicial. Não-configuração. É juridicamente possível a oposição em ação de despejo com base no art. 56 do CPC, oposta por aquele que se diz proprietário, impugna a relação locatícia alegada e se vê na iminência de ser turbado em sua posse e domínio. Não cabe a extinção de plano da ação por inépcia da inicial sem propiciar ao autor a sua emenda. Não se configura a inépcia por falta de pedido se a fundamentação e exposição dos fatos, com pedido de procedência com os devidos efeitos, permite o entendimento de que a pretensão é de obstar o despejo sobre imóvel sobre o qual controvertem o autor e o réu, comparecendo o terceiro que alega ser seu aquele direito, oferecendo contra ambos oposição, sob alegação de que o autor não tem o direito contra o réu porque nula a causa que teria lhe transferido o imóvel." (TAMG, AC 310653-0, Pirapetinga, 1ª C.Cív. Rel. Juíza Vanessa Verdolim Andrade, j. 16.10.2001)

[130] Assim: "Reintegração de posse. Espólio. Herdeiros. Oposição. Procedimento autônomo. Valor à causa. Exigência. Extinção do Processo. O pedido de oposição pelo inventariante, em reintegratória de posse, onde é autor um dos herdeiros, se constitui em procedimento autônomo (arts. 56 e 57 do CPC), exigindo valor a causa. Sem este, resulta a extinção do processo. Apelo provido." (AC 195118062, 5ª C.C., TARS, Rel. Des. Silvestre Jasson Ayres Torres, j.10/1995)

advogado não tenha poderes expressos para recebê-la (CPC, art. 36), já que decorrem da previsão legal".[131]

Essa solução, contudo, não nos parece a mais harmônica. O regramento deveria amoldar-se ao da reconvenção, na qual, por força do art. 316, o autor reconvindo é intimado, na pessoa do seu procurador, para contestá-la. Os vocábulos utilizados pelo Código, embora distintos ("citação dos opostos" e "intimação do autor reconvindo"), espelham a mesma realidade, qual seja a necessidade de chamar uma ou mais partes a responder uma nova pretensão oferecida.

Dessa forma, o Código deveria regular de forma semelhante ambas as situações, e não se valer da "intimação" para reconvenção e da "citação" para a oposição. Caso a opção do legislador fosse pela maior segurança, o regramento deveria obedecer à citação pessoal, mas da parte destinatária do provimento final, e não de seu advogado, o qual somente se tivesse poderes para tanto poderia recebê-la. Em sentido contrário, caso o operador desse primazia ao valor efetividade, de todo conveniente a ciência do ato pela publicação de nota de expediente em nome do advogado, pois o importante neste ponto é dar ciência e esta, nessa altura do século XXI, pode ser facilmente obtida através dos competentes veículos de comunicação.[132]

Mas esta definitivamente não é a postura adotada pelo Código e sua aplicação seria fonte de insegurança ao litigante. Daí a imperiosa revisão legislativa, como meio de ofertar seriedade e segurança ao jurisdicionado. Não se desconhece que em certos casos pode haver incompatibilidade entre a defesa do autor-réu na demanda originária e aquela a ser exercitada quando da formação do litisconsórcio entre opostos em face do opoente. Nesses casos, é conveniente que a parte conte com diversos procuradores. Contudo, essa situação em nada prejudica a idéia antes defendida. Preza-se o auxílio do advogado para dar ciência da oposição à parte, com o que se alcança maior efetividade no processo.

Caso haja revelia no feito principal, deve observar a citação do réu a forma estabelecida para os processos em geral, conforme disposto

---

[131] In Partes e Terceiros no Processo Civil Brasileiro, p. 180. Rio de Janeiro: Saraiva, 2003.
[132] Amolda-se esta solução ao princípio da instrumentalidade das formas, insculpido no art. 154 do CPC, quando reza que "os atos e termos processuais não dependem de forma determinada senão quando a lei expressamente a exigir, reputando-se válidos os que, realizados de outro modo, lhe preencherem a finalidade essencial".

no parágrafo único do art. 57 do Código de Processo Civil, pois o réu revel não possui advogado constituído. Logo, inviável citá-lo na pessoa de um procurador presumido. Segue a citação a forma comum: pelo correio, oficial de justiça, hora certa, ou edital.

3.3.3. Do litisconsórcio e do benefício do prazo em dobro

Conforme dispõe o art. 57 do CPC, o prazo para a contestação será comum para ambos os opostos, de 15 dias. Entretanto, na doutrina, grassa controvérsia a respeito da aplicação ou não do art. 191 do Código de Processo Civil, que prevê prazo em dobro para os litisconsortes com diferentes procuradores.

Em verdade, o opoente deverá propor a oposição contra autor e réu, que formarão um litisconsórcio passivo necessário. Em vista da peculiaridade de ambos estarem litigando em demanda anterior, é de todo provável que sejam representados por diferentes procuradores. Daí a pertinência da chancela do prazo dobrado. Essa é a argumentação de Celso Agrícola Barbi, que considera aplicável à espécie o art. 191 do CPC, concedendo-se prazo em dobro para que os opostos contestem a oposição.[133]

Na linha do Código, o litisconsórcio formado será necessário, porque a eficácia da sentença dependerá da citação de todos os opostos no processo. E unitário, em função da imperiosa coerência no tratamento ofertado aos opostos. Coerência que apresenta conceito distinto de "mesma sorte", permitindo que uma decisão seja ao mesmo tempo favorável a um e contrária à pretensão de outro.[134]

3.3.4. Do julgamento da oposição

Sendo a oposição oferecida antes de iniciada a audiência de instrução e julgamento, será ela apensada à ação principal. Será feita a

---

[133] Idem, p. 318.
[134] Assim, CÂNDIDO DINAMARCO, *Intervenção de Terceiros*, p. 91-92. Assevera o professor paulista que "o que está na base da unitariedade do litisconsórcio é a imperiosidade da coerência no trato destinado a eles" (...) "o julgamento da oposição, como um todo, é que há de ser uno para os opostos. A unitariedade do litisconsórcio é sempre conseqüência da incingibilidade da situação jurídica ocupada pelos co-litigantes. Onde se mostre impossível oferecer a um deles determinada solução quanto ao *meritum causae* sem oferecer ao outro uma solução compatível com essa, eis a unitariedade". Em sentido contrário, ATHOS CARNEIRO aduz que "não se cuida, todavia, de litisconsórcio unitário, pois o juiz não decide a lide de modo necessariamente idêntico em relação aos opostos". (*In Intervenção de Terceiros*, p. 72)

instrução conjuntamente, decidindo-se ambas as causas na mesma sentença.[135]

Ocorrendo a oposição depois de iniciada a audiência de instrução e julgamento do processo principal, até poderá o juiz sobrestar o feito principal pelo prazo máximo de 90 dias, a fim de decidir ambas as ações conjuntamente. Contudo, essa espera não pode ser infinita, de modo que nada impede o magistrado de levar ambas as demandas adiante, e julgar por primeiro a anterior, para, tempos após, quando a segunda também estiver madura, enfrentá-la.

É importante assinalar que caso o autor da demanda anterior desista da ação, deve a oposição seguir seu curso, até que sentença defina a relação jurídica entre opoente e opostos. Por isso, em nada compromete a oposição a desistência da ação originária ou mesmo sua extinção sem julgamento de mérito.

Na linha do disposto no art. 61, CPC, cabe ao juiz decidir em primeiro lugar a oposição, para somente em um segundo momento resolver a ação principal. Tal se dá pela relação de prejudicialidade. Caso a sentença não aprecie a relação processual própria da oposição, haverá vício passível de cassação pelo grau superior de jurisdição.[136] Todavia, tal omissão seguramente poderá ser sanada através do manejo de embargos de declaração por qualquer das partes, afinal todas têm interesse jurídico em obter sentença hígida, capaz de ensejar formação de coisa julgada.

Esta orientação vigora tanto em primeiro, como nos demais graus de jurisdição. Assim, caso haja apelações ofertadas pelo opoente e pelas partes da ação principal, é de todo conveniente que a oposição

---

[135] É o que determina o art. 59: "A oposição, oferecida antes da audiência, será apensada aos autos principais e correrá simultaneamente com a ação, sendo ambas julgadas pela mesma sentença."

[136] Assim: "Processo civil. Sentença. Preliminar. Sem exame expresso. Oposição parcial. Matéria não objeto da oposição. Não apreciação. Nulidade. 1. Constitui vício insanável da sentença, por força das disposições dos artigos 128 e 459 do CPC, o julgador não examinar expressamente preliminar suscitada por uma das partes. 2. O acolhimento de oposições parciais não impede que o juiz examine, na mesma sentença, a matéria sobre a qual os opoentes não demonstraram interesse, decidindo a demanda remanescente entre autor e réu, porquanto o artigo 56 do CPC estabelece que a pretensão dos opostos poderá ser, no todo ou em parte, do direito ou coisa sobre o que controvertem autor ou réu, e o art. 61 do mesmo Diploma Legal determina, no caso, a simultaneidade de julgamentos. 3. Preliminar acolhida para anular a sentença." (TAMG, AC 330049-2, Belo Horizonte, 2ª C.Cív., Rel. Juiz Manuel Saramago, J. 07.08.2001)

seja julgada primeiro, pois seu acolhimento pode ocasionar a perda do objeto da ação pendente.[137]

3.3.5. Recursos cabíveis

O tratamento recursal da ação de oposição é bastante singular, daí receber atenção em tópico específico. De pronto, cumpre distinguir dois momentos processuais nos quais haverá a possibilidade de serem proferidas decisões típicas da ação de oposição. O primeiro deles é quando o magistrado despacha a petição inicial, tendo a faculdade de recebê-la ou indeferi-la. O segundo é quando de seu julgamento, após instrução. Também a natureza da oposição será determinante para a escolha do recurso correto, isto é, se interventiva ou autônoma.

Quando a oposição autônoma é indeferida, por qualquer razão, caberá apelação, pois essa decisão estará ocasionando o fim do processo. O mesmo não ocorre na oposição interventiva, a qual, se indeferida ou deferida, abrirá ensanchas para agravo de instrumento, uma vez que nesta modalidade a mesma é processada incidentalmente ao processo pendente.[138]

Por fim, uma vez admitida e processada, haverá sentença que porá termo ao processo de oposição. Sob a modalidade interventiva, será

---

[137] Nessa linha: "Ação de anulação e substituição de títulos ao portador. Processual civil. Oposição julgada simultaneamente com a ação principal. Tendo havido apelação dos autores da ação de anulação e substituição de títulos ao portador e apelação por parte do oponente, deve ser examinada esta última em primeiro lugar, em obediência ao artigo 61 do CPC. Precedente jurisprudencial sobre o tema (Rev. Julgados do TARGS, 15/159). A oponente, vencida quanto ao julgamento da oposição, tem legitimidade para recorrer como autora de tal ação. Intempestiva a juntada de documentos após a prolação de sentença, no caso, posto que tais documentos já existiam há muito tempo. Fora da hipótese do art. 397 do CPC não se toma conhecimento de documentos juntados após a prolação da sentença. Ação de oposição que desbordou do preceituado no art. 56 do CPC. Segundo doutrina de Arruda Alvim para que se admita a ação de oposição 'é preciso que a posição do terceiro seja afetada, pois, não se poderá dar amplitude tal ao instituto, a ponto de inflacionar, injustificadamente, o processo principal'. O oponente deve exercitar ação sua, significando pretensão própria. É carecedora de ação de oposição a oponente que veio em defesa de interesses de terceiros. Desprovimento da apelação interposta pela oponente. Desprovimento da apelação dos autores que pretendem elevação do percentual de ações, posto que não há prova de que tenham sido emitidos certificados de ações ao portador, que representassem o pretendido percentual do capital da ora opoente." (AC nº 593009525, 6ª C.C., TJRS, Rel. Des. Cacildo de Andrade Xavier, j. 24/08/1993)

[138] Assim, DINAMARCO: "O ato de deferimento ou indeferimento da oposição interventiva tem natureza de decisão interlocutória, sendo pois sujeito ao recurso de agravo. O ato de indeferimento da oposição autônoma é sentença, porque põe fim a um processo (art. 267, inc. I, c/c 295). Comporta, portanto, recurso de apelação." *Instituições*, v. 2, p. 386. No mesmo sentido, o magistério de CRISTIANE DELFINO LINS em *Oposição no Direito Brasileiro*, p. 155.

julgada juntamente com a demanda anterior. Se autônoma, pode ocorrer que seja julgada separadamente, caso a economia processual seja afetada pelo sobrestamento do processo primitivo. Em ambos os casos, a apelação será o recurso competente para que opoente e opostos possam alcançar o 2° grau.

A eficácia preponderante da sentença há de variar conforme se refira à relação estabelecida entre autor-opoente *x* oposto-autor ou oposto-réu. Frente ao réu originário, em caso de procedência, haverá condenação. Já em face do autor primitivo, a oposição quando procedente, terá forte carga declarativa.

3.4. Oposição e embargos de terceiro

Prescreve o art. 1.046 do Código de Processo, que quem, não sendo parte no processo, sofrer turbação ou esbulho na posse de seus bens por ato de apreensão judicial, em casos como o de penhora, depósito, arresto, seqüestro, alienação judicial, arrecadação, arrolamento, inventário, partilha, poderá requerer lhe sejam manutenidos ou restituídos por meio de embargos.

Distingue-se a oposição dos embargos de terceiro, pois nestes o embargante alega seu direito de dono ou possuidor sobre a coisa (jamais um direito pessoal) e simplesmente postula provimento jurisdicional que afaste a constrição judicial lançada sobre ela.[139] Não visa à exclusão do direito sobre o qual controvertem autor e réu, mas apenas para livrar o bem de posse ou propriedade de terceiro, da constrição judicial que lhe foi imposta.

A oposição visa a uma sentença que se pronunciará *principaliter* sobre o direito real ou pessoal afirmado pelo autor inicial e pelo opoente e, como é natural, receberá a autoridade da coisa julgada, dada que proferida após a participação de todos em contraditório.

Tem-se como principal diferença entre a oposição e os embargos de terceiro a ausência, naquela, de qualquer constrição judicial, conforme ressalta Ovídio Baptista da Silva. Para o professor gaúcho:

"É necessário distinguir entre oposição e embargos de terceiro porque ambos podem ocorrer no chamado processo de conhecimento'.

---

[139] DINAMARCO, op. cit., p. 58.

O elemento diferencial está no fato de existir, sempre, nos embargos de terceiro, uma constrição judicial contra a qual se opõem os embargos. Em verdade o vocábulo embargos já sugere a idéia de desembaraço, desembargo, contra algum ato estatal de constrição (Pontes de Miranda, Comentários, 1973, tomo XV, 4). De modo que, havendo alguma forma de constrição judicial de bens de terceiros, em processo no qual outros controvertem, tais como penhora, arresto, seqüestro, buscas e apreensões, arrecadação, arrolamento (cautelar ou não), de tal modo que se configure turbação ou esbulho possessório (art. 1.046, CPC), a intervenção do terceiro dar-se-ia pela ação de embargos de terceiro e não pela oposição".[140]

Portanto, caso haja constrição sobre determinado bem de terceiro, determinado em processo do qual não participa, o caminho natural é a ação de embargos de terceiro, que obedece disciplina própria (arts. 1.046 e ss. do CPC).

3.5. Oposição na Lei de Desapropriação por Utilidade Pública (Decreto-Lei 3.365/41)

Uma questão de relativo interesse prático concernente à oposição diz respeito a seu aproveitamento nas ações de desapropriação por utilidade pública. Sucede que o art. 34 do Decreto-Lei 3.365/41 (Lei de Desapropriação por Utilidade Pública) refere que, havendo fundada dúvida a respeito do domínio, o preço ofertado deverá permanecer em depósito até que a questão seja dirimida.[141]

---

[140] *Curso de Processo Civil.* v.1, 2. ed. rev. e atual. Porto Alegre: Fabris, 1991, p. 232. E arremata: "tendo-se em conta esse limite conceitual, entre as duas ações, a de embargos de terceiros e a oposição, devemos entender que, havendo emissão liminar de sentença nos interditos de manutenção e reintegração de posse, através dos quais o juiz mantenha, ou reintegre, o autor na posse do bem litigioso, o remédio cabível para que o terceiro se insurja contra a constrição judicial de sua posse, hão de ser os embargos de terceiro e não a oposição". Opinião que é partilhada por DINAMARCO: "quando o terceiro tem a reclamar de uma constrição efetivada sobre bem do qual se diz titular, o caminho adequado não é a oposição mas os embargos de terceiro, que sempre dão origem a um processo novo. O embargante não intervém, portanto, nem essa é uma modalidade de intervenção. Os embargos de terceiro servem para impugnar a constrição sofrida em qualquer espécie de processo – quer executivo, monitório, cautelar, ou mesmo de conhecimento". (*Instituições*, v.2, p. 384)

[141] Reza o art. 34: "O levantamento do preço será deferido mediante prova de propriedade, de quitação de dívidas fiscais que recaiam sobre o bem expropriado, e publicação de editais, com o prazo de dez dias, para conhecimento de terceiros. Parágrafo único. Se o juiz verificar que há dúvida fundada sobre o domínio, o preço ficará em depósito, ressalvada aos interessados a ação própria para disputá-lo."

De início, deve ser registrado que a legitimidade para contestar o domínio, e com isso torná-lo duvidoso para efeito de aplicação do parágrafo único do art. 34, é do terceiro que não integra a demanda. Por isso, não pode o expropriante, em curso do processo que promoveu por livre vontade, alegar que aquele que se encontra no pólo passivo não é o legitimado. Assim agindo, estaria violando a máxima do *venire contra factum proprium*, na medida em que obraria com duas ações, em tese lícitas, mas que no seu conjunto se repelem. Primeiro, o expropriante imputa a titularidade ao réu e promove a ação. Então, quando de posse do bem, e na véspera do levantamento do depósito, intenta tornar incerta a titularidade que antes reconheceu. De mais a mais, sequer existe interesse jurídico por parte da expropriante, na medida em que este se exaure com a constituição de seu domínio. Por isso, não pode obstar o levantamento do depósito, por falta de condição da ação, no caso o interesse jurídico.

Tanto é necessária a oposição de terceiro que o Superior Tribunal de Justiça assentou entendimento no sentido de que a oposição de que trata o art. 34 do Decreto-Lei 3.365/41 somente pode advir de terceiros possuidores de outro título suficiente para demonstrar a incerteza quanto ao domínio do bem. Por conseguinte, é de ser afastada a afirmação de que existem dúvidas fundadas quanto à titularidade, quando inexista ação que vise a impugnar o domínio.[142]

Essa matéria foi muito bem sintetizada em julgamento do Superior Tribunal de Justiça. No Recurso Especial nº 136.434, o Relator, Min. Franciulli Netto aduziu que:

"Assiste razão ao recorrente, ao sustentar que a Municipalidade não poderia suscitar a dúvida fundada a que se refere o artigo supra reproduzido. Ao efetuar o depósito da indenização devida, não permanece o interesse da expropriante no levantamento do preço. A prestação jurisdicional requerida pelo expropriante exauriu-se com a declaração de aquisição originária do bem expropriado. Admite-se a oposição do levantamento apenas por terceiros possuidores de outro título suficiente para demonstrar que há incerteza quanto ao domínio do bem desapropriado pelo expropriado".[143]

---

[142] STJ, 2ª Turma, Rel. Min. Eliana Calmon, Recurso Especial 514.803/SP, DJ: 30/06/2003, p. 233.

[143] Outros julgados seguem e mesma linha, dentre os quais AGA 102.959/AM, cuja ementa reza: "Processo civil. Ação de desapropriação. Dúvida, manifestada no curso da lide, a respeito da titularidade do domínio. O expropriante não pode, mediante ação incidental, atacar, na própria ação de desapropriação o título de propriedade que lhe serviu de fundamento para o ajuizamento

Caso, por qualquer razão, o legítimo proprietário da área expropriada não tenha tido ciência da existência da desapropriação e, por conseguinte, não tenha manejado a oposição, poderá, pela via ordinária, cobrar do expropriado o preço alcançado pelo expropriante. Todavia, em face do interesse público que atinge a matéria, não lhe é dado anular a primeira ação, cujo escopo era o de utilizar o bem em proveito do público, mediante o pagamento de seu valor. Seu interesse jurídico limita-se à percepção da soma, e não do bem. Situação inversa, entretanto, sucede se resta configurado o conluio entre as partes na ação originária ou mesmo a corrupção do magistrado. Nessa hipótese, haverá em tese a via da rescisória disponível para o legítimo titular.

3.6. Possibilidade de condenação em honorários

A análise do cabimento de honorários advocatícios na oposição parte da leitura do art. 20, o qual impõe que a sentença condene o vencido a pagar ao vencedor as despesas que antecipou e os honorários advocatícios. Já se vê a existência de uma regra geral, pela qual havendo litígio, e conflito entre pretensões, a sucumbência impõe o pagamento de honorários.

No que toca à ação de oposição, há sim possibilidade de condenação nos honorários, uma vez que, como o nome diz, existe uma verdadeira demanda do oponente, a qual irá ao fim regular a relação jurídica entre ele e a coisa ou direito discutido. Portanto, deve haver condenação em honorários como decorrência da sucumbência.

A exceção a essa regra somente pode-se dar quando o oposto (réu na ação principal) houver alegado, naquela, ilegitimidade de parte e, na oposição, novamente evitado a lide. Nessas circunstâncias, descaberia sua condenação, pois fora alvo de iniciativa para a qual não deu causa. Inexistindo causalidade, verificada em concreto pela colaboração da parte, descabe a condenação.

---

da demanda; se, no curso da lide, surgirem dúvidas a respeito da legitimidade desse título, deve, para evitar o pagamento indevido, depositar o preço na forma do artigo 34, parág. único, da Lei n. 3.365, de 1941. Agravo regimental improvido". (2ª Turma, Rel. Min. Ari Pargendler, DJ:12/08/1996, p.27481)

3.7. Oposições sucessivas

Discutível é a pertinência de oposições sucessivas. O Código não adotou posicionamento explícito sobre o tema, circunstância que abre caminho para a elaboração doutrinal. Ao tempo dos códigos estaduais, juntamente com o paulista, o diploma pernambucano facultou novas oposições. Em seu art. 28, dispunha que "querendo um terceiro excluir ao mesmo tempo as pretensões do autor e do réu, ou as destes e de outro oppoente anterior, sobre o objeto do litígio (art. 28) poderá fazê-lo, enquanto na causa se não tiver proferido decisão final irretractável".[144]

Justifica-se a discussão a partir da necessidade de se preservar o escorreito andamento do feito, o qual, com a apresentação de diversas oposições, poderia ser atingido. Por isso, e tendo em vista que a oposição, mesmo se não ofertada, não inibe o reconhecimento do direito do opoente (que o pode buscar pela via da ação autônoma), entende-se por vezes incabível a oposição sucessiva.

Com razão, a preocupação com a celeridade processual, que ao fim irá oferecer a efetividade dos direitos discutidos, é vislumbrada em diversos artigos do Código Processual. O exemplo do litisconsórcio facultativo é o mais conhecido, afinal, neste tipo de participação, o juiz pode limitar o número de litigantes, quando este comprometer a rápida solução do litígio ou dificultar a defesa (art. 46, parágrafo único).

Raciocínio semelhante deve ser aplicado à oposição, isto é, quando as oposições comprometerem o processo, essas poderão ser inadmitidas pelo magistrado, pela via de provimento motivado. Por conseguinte, em sentido contrário, caso as mesmas não tenham o condão de tumultuar o trâmite normal, devem ser admitidas e processadas, como forma de outorgar efetividade plena aos direitos controvertidos.

A princípio, a questão parece ser exclusivamente acadêmica, carente de qualquer interesse prático. Contudo, em nossa experiência profissional, tivemos a oportunidade de conhecer de litígio em desapropriação, na qual havia mais de 20 opoentes. Se, por um lado, essa realidade complicou o desenvolvimento do feito, por outro não se pode negar que definiu toda a celeuma criada, estendendo a coisa julgada a todos interventores.

---

[144] Cf. ROENICK, Op. cit., p. 52.

Dessa forma, deve ser admitida a oposição sucessiva, contanto que respeitado o momento processual adequado e as normas relativas ao instituto, de forma a não prejudicar a presteza na outorga jurisdicional. Assim, caberá ao órgão judicial avaliar, à luz das particularidades do caso concreto, qual dos princípios deva preponderar: se a segurança ou a efetividade. A primeira é consubstanciada na tolerância de nova intervenção com o escopo de acertar o direito litigioso perante todos os interessados. A efetividade, de seu turno, justifica-se na instrumentalização do reconhecimento de eventual direito subjetivo em tempo útil. Se for possível conciliá-las, tanto melhor.

Dentro dessas premissas, portanto, inexistindo vedação legal para a oposição sucessiva, pode a mesma ser manejada. Nessa hipótese, todas as partes anteriores devem agrupar-se em novo litisconsórcio defensivo necessário e unitário.

4. Da nomeação à autoria

4.1. Conceito

A nomeação à autoria é o veículo processual adequado para corrigir o pólo passivo da demanda sempre que, por engano, seja acionado o detentor no lugar do possuidor ou proprietário. Através da nomeação, o réu indica quem seria o verdadeiro legitimado para a demanda, colaborando com a pronta correção do processo.[145]

Com razão, muitas vezes, é difícil ao autor apontar qual o verdadeiro possuidor ou proprietário do direito litigioso, uma vez que a mesma é utilizada por terceiro (detentor), que tem relação de dependência desconhecida. Por isso, para evitar que o processo seja instruído e desemboque em sentença terminativa em face da ilegitimidade do detentor para responder a ação, o Código criou o mecanismo da nomeação.[146]

Sobre o conceito de detenção, o art. 1.198 do Código Civil refere que se considera detentor aquele que, achando-se em relação de dependência para com outro, conserva a posse em nome deste e em cumprimento de ordens ou instruções suas. Aquele que se comporta tal como

---

[145] Por isso, didaticamente, ensina ATHOS CARNEIRO que "a nomeação à autoria (laudatio auctoris ou nominatio auctoris) objetiva a substituição do réu parte ilegítima para a causa por um réu parte legítima para a causa. Em última análise, visa corrigir a legitimação passiva." (*Intervenção de Terceiros*, p. 79)

[146] Nesse sentido, refere THEODORO JUNIOR que "consiste a nomeação à autoria no incidente pelo qual o mero detentor, quando demandado, indica aquele que é o proprietário ou o possuidor da coisa litigiosa, visando a transferir-lhe a posição de réu". *Curso de Direito Processual Civil*, p. 108. 31. ed. Rio de Janeiro: Forense, 2000.

detentor, em relação ao bem e à outra pessoa, presume-se detentor, até que prove o contrário.[147]

A nomeação também deve ocorrer no que toca à ação de indenização, intentada pelo proprietário ou pelo titular de um direito sobre a coisa, toda vez que o responsável pelos prejuízos alegar que praticou o ato por ordem, ou em cumprimento de instruções de terceiro. Aqui, a demanda é intentada pelo legítimo titular de direito sobre o bem em face do causador dos danos. Mas este tem o direito de nomear aquele que tenha ordenado seu proceder. Há, da mesma forma, relação de obediência entre nomeante e nomeado, que deve ser demonstrada, ao menos perfunctoriamente, já no requerimento de nomeação.

O instituto, tal como apresentado, revela preocupação com a colaboração entre os sujeitos do processo, pois impõe ao réu o dever de nomear a pessoa legitimada a ocupar o pólo passivo em seu lugar. O Código realiza, assim, uma autêntica divisão de tarefas para melhorar a administração da Justiça. Cada sujeito processual, a seu modo, deverá sanar as irregularidades porventura existentes. Daí competir ao demandado corrigir o pólo passivo, no prazo assinalado para contestação.

O artigo 62 não poderia ser mais claro, ao aduzir que aquele que detiver a coisa em nome alheio, sendo-lhe demandada em nome próprio, deverá nomear à autoria o proprietário ou o possuidor. O vocábulo "deverá" bem revela o espírito da lei. Negligenciando na nomeação, cumprirá ao demandado arcar com as custas e eventualmente os danos oriundos do retardamento, como se verá logo mais.

4.2. Procedimento

A nomeação à autoria deve ser realizada no prazo assinalado para a defesa, o qual irá variar de acordo com a natureza da ação e o rito

---

[147] ORLANDO GOMES justifica que "o direito alemão qualifica-os, expressamente, como servidores da posse. Pertencem, sem dúvida, a uma categoria especial. Do contrário, não haveria razão para destacá-los das inúmeras pessoas que estão em estreito contato com as coisas, sem possuí-las. Esclarece WOLFF que a distinção entre o servidor da posse e os outros não possuidores reside no fato de que a ele é lícito exercer – além dos limites do direito geral de legítima defesa – os direitos de autoproteção do possuidor contra ataques estranhos. Os servidores da posse são todos aqueles que estão unidos a um possuidor por um vínculo de subordinação, oriundo de relação de direito privado, como de direito público, pouco importando, como ensina o mesmo WOLFF, que exerçam o poder sobre a coisa por si sós ou ao lado do dono, por obrigação ou por cortesia, ostensivamente, ou não, em nome do proprietário, ou, mesmo, se a coisa lhes pertence." (*Direitos Reais*, p. 37. 17. ed. Rio de Janeiro: Forense, 2000)

imprimido. De todo conveniente que o nomeante, desde logo, demonstre a pertinência de sua iniciativa, apontando de que forma o nomeado está legitimado para ingressar no processo.

De posse dos documentos comprobatórios da legitimidade do nomeado, ou mesmo em dúvida, caso a nomeação tenha sido realizada sem o amparo de meios idôneos de convicção, o magistrado deve deferir o pedido. Efeito natural dessa decisão é a suspensão do processo e a oitiva do autor, no prazo de 5 (cinco) dias, tal como reza o art. 64 do Código Processual, para manifestar-se acerca da nomeação. Uma vez decorrido o prazo sem sua manifestação, configura-se a aceitação tácita.[148] Após essa fase, compete ao autor promover a citação do nomeado.

Nesse ponto, uma questão interessante exsurge. Diz respeito à possibilidade do autor recusar a nomeação. O art. 65 refere que, caso o demandante rechace a nomeação, esta ficará sem efeito. Nessa hipótese, tem-se que não há espaço para constrangê-lo a aceitar a nomeação, a qual, em última análise, somente iria beneficiar-lhe. Dessarte, caso o autor não acate a nomeação, não cabe ao juiz ordenar a citação do nomeado de ofício, ainda que esteja convicto da pertinência. Vigora, pois, o princípio dispositivo com toda sua força, permitindo que o demandante escolha em face de quem deseja litigar. Caso ao final, sobrevenha sentença terminativa, ou mesmo de improcedência, o único prejudicado será o próprio. Aqui reside o valor do princípio dispositivo: livrar o autor de litigar em face de quem não deseja e formatar livremente o objeto litigioso.[149]

---

[148] Nesse sentido: "Processual civil. Nomeação à autoria. Silêncio do autor no quinquídio que tem para se manifestar. Aceitação da nomeação. Citação dos nomeados. Recurso provido. - ante o silencio do autor sobre o pedido de nomeação a autoria feito pelo réu, presume-se aceita aquela, devendo os nomeados serem citados para manifestar-se sobre o pedido, podendo, além de impugnar a nomeação propriamente dita, discutir sobre possível ilegitimidade passiva *ad causam*". (STJ, RESP 104206/SP, 4ª Turma, Rel. Min. Sálvio de Figueiredo Teixeira, DJ: 09/12/1996, p. 49285)

[149] E sobre o valor atual do princípio dispositivo e da harmonia que deve existir entre interesse público e privado, a lição do Professor CAPPELLETTI: "l'idea dell'autonomia dell'azione rispetto al diritto sostanziale, e del carattere pubblico del processo nonostante il suo contenuto o oggetto privato, ha permesso di concepire il processo, anche civile, come cosa d'interesse pubblico e non mera cosa privata delle parti'. Sache der Parteien, ed ha permesso di attenuare così certi eccessi, tipici dell'ordinamento processuale comune e ancora del processo codificato del 1800, del cosidetto principio dispositivo (principle of party-presentation, Verhandlungmaxime). Ha permesso, cioè, di ritenere che la direzione formale e tecnica del processo possa essere sottratta alla libera anzi arbitraria disposizione' delle parti, senza che ne derivi per questo automaticamente una lesione al carattere privato e quindi disponibile' del diritto soggettivo sostanziale dedotto in giudizio. Questo diritto soggettivo è cosa delle parti', ma non è cosa delle

Mas a grande celeuma surge quando o nomeado não aceita a nomeação. O art. 68 dispõe que, se o nomeado reconhecer a qualidade que lhe é atribuída, contra ele correrá o processo; se a negar, o processo continuará contra o nomeante.[150] A partir dessa orientação, indaga-se se haveria espaço para uma recusa imotivada, ou se deveria ser procedida à luz de sólidos argumentos.

De um lado, Theodoro Junior afirma que também o nomeado não está obrigado a aceitar a nomeação. A recusa, no entanto, deve ser expressa, porque o silêncio importa aceitação tácita, *ex vi* do art. 68, II.[151] Essa opinião é partilhada por Nelson Nery Junior e Rosa Maria Andrade Nery, quando aduzem que "é possível que o nomeado, citado, não aceite a qualidade que lhe é atribuída pelo réu. Nesse caso, fica sem efeito a nomeação e o processo continua a correr contra sua vontade".[152] Ainda o professor Arruda Alvim subscreve esta orientação, referindo: "na hipótese de o nomeado não aceitar a qualidade que lhe

---

parti' il buon funzionamento del processo, perché publice interest (interessa, cioè, alla società organizzata e quindi allo Stato) il fatto che si abbia umamministrazione della giustizia il più possibile ordinata, rapida, giusta. Libere le parti di chiedere o di non chiedere la tutela dei loro diritti privati, e quindi di instaurare il meno il processo, nonché di dedurre nel processo soltanto quei rapporti e quei fatti giuridici che esse ritengano opportuno; libere, inoltre, le parti di chiedere al giudice 100 anziché 1000; libere infine di rinunziare allazione esercitata, o di non opporre uneccezione, o di non sollevare un impugnazione. Tutte queste libertà sono infatti l'espressione, anzi, il necessário riflesso processuale, del carattere privato e quindi disponibile del diritto sostanziale dedotto in un giudizio civile: soltanto un ordinamento che negasse il carattere privato dei diritti di proprietà e di credito, e conseguentemente, degli altri diritti soggettivi civili, potrebbe coerentemente abolire quelle libertà. Ma, pur nel pieno rispetto di quelle libertà, si può ben pensare tuttavia distituire um ordinamento processuale nel quale il giudice, nei limitti del potere dispositivo delle parti, ossia nei limiti delle suddette libertà private, possa e debba esser munito dell'autorità necessaria per evitare abusi e per esercitare adeguatamente la sua pubblica' funcione di render giustizia." (Il processo civile italiano nel quadro della contrapposizione civil law-common law, p. 104-105. In Annali dell'Università di Macerata, x. XXVI. Milano: Giuffrè, 1963)

150 Art. 68, CPC: Presume-se aceita a nomeação se: I - o autor nada requereu, no prazo em que, a seu respeito, lhe competia manifestar-se; II - o nomeado não comparecer, ou, comparecendo, nada alegar.

151 *Curso de Direito Processual*, p. 109. Posição que é subscrita por LUIZ GUILHERME MARINONI e SÉRGIO CRUZ ARENHART: "note-se que, para que se opere a substituição do pólo passivo, é necessário que ocorra a dupla aceitação: do autor e do nomeado. Se qualquer destes negar a "nomeação à autoria", a intervenção não se opera, permanecendo a relação processual como era anteriormente. Essa aceitação, todavia, não precisa necessariamente ser expressa. Presume o Código de Processo Civil aceita a nomeação se o autor, no prazo assinado pelo juiz (art. 64 do CPC) nada requerer; e também se o nomeado não comparecer ou, em comparecendo, não alegar nada (art. 68 do CPC)". (*Manual do Processo de Conhecimento*, p. 194)

152 NERY JUNIOR, Nelson & ANDRADE NERY, Rosa Maria. *Código de Processo Civil Comentado*, p. 345. 3. ed. São Paulo: RT, 1997.

seja atribuída, ou, ainda, quando o próprio autor recusar o nomeado (art. 67), assinar-se-á ao nomeante novo prazo para contestar', vale dizer, devolve-se-lhe totalmente o prazo, sob pena de nulidade".[153]

De outro lado, Ovídio Baptista da Silva discorda dessa interpretação ainda dominante. Para o professor gaúcho, seria ilógico e contraproducente permitir que o nomeado se esquivasse do processo quando manifesta sua legitimação passiva. Poderia, nesses casos, o magistrado ordenar a citação, mesmo que contra a vontade do nomeado, afinal, sua presença evitaria que o processo fosse extinto para que outra demanda, agora com a correção do pólo passivo, fosse promovida.

As palavras do professor gaúcho são elucidativas: "a redação deste artigo não é clara e pode induzir o intérprete em erro. Sua leitura desatenta poderá sugerir que ao nomeado caberá a faculdade de aceitar livremente a nomeação, ou recusá-la, caso em que, havendo recusa, o autor ficaria obrigado a prosseguir na demanda contra o réu originário. Dá-se aqui, porém, o resultado inverso ao previsto quanto à faculdade de recusa que o art. 65 confere ao autor. A razão é óbvia. Caberá sempre ao autor escolher a pessoa contra quem dirigirá a ação, mas uma igual faculdade jamais poderá ser concedida ao demandado, permitindo-lhe aceitar a demanda ou livremente recusar-se a respondê-la como réu. Seria na verdade estranho que o Código obrigasse ambas as partes a continuar a litigar na causa para a qual ambas estejam convencidas da ilegitimidade do demandado originário. A correta interpretação deste artigo impõe, como única solução plausível, a outorga ao juiz da faculdade de decidir sobre a questão da legitimidade passiva *ad causam*".[154] A seguir, sugerindo uma analogia com sistema português, refere que "a solução pretendida pelo Código, de evidente inspiração portuguesa, como observa Celso Barbi, é correta, mas exige que seja esclarecida, ou complementada, segundo a norma do Código lusitano que lhe serviu de modelo: o nomeado é livre para aceitar a nomeação, mas a sentença proferida na causa constituirá caso julgado em relação à pessoa nomeada".[155]

---

[153] *Manual de Direito Processual Civil*, p. 161. E prossegue o professor paulista referindo que "não sendo aceita a nomeação, o terceiro não será atingido pela eficácia da sentença e nem pela coisa julgada, podendo opor-se à decisão que venha a ser proferida no processo, se contra ele se pretender realizem-se tais efeitos". (Op. cit., p. 160)

[154] *Comentários ao CPC*, v. 1, p. 322.

[155] Op. cit., p. 322. No mesmo sentido, MARIA BERENICE DIAS. Assinalou a magistrada gaúcha que a redação do art. 65 do estatuto processual pátrio, ao afirmar que "recusada a nomeação pelo nomeado prossegue o processo contra o nomeante", enseja uma falsa conclusão,

A melhor exegese está com o processualista gaúcho. A título de analogia, poderíamos formular o exemplo do réu que, em determinada demanda, nega-se a ingressar no processo, sob o pretexto de não se considerar legitimado a tanto. Caso assim procedesse e não apresentasse contestação, a conseqüência seria a decretação de revelia, com os efeitos daí decorrentes.

Por isso, caso o denunciado recuse sua indicação, tendo sido esta aceita pelo autor, deve sim o magistrado analisar as provas carreadas antes de homologar sua retirada. Se concluir que o mesmo obra com má-fé, ou que é conveniente seu ingresso no processo a fim de preservar o efeito útil de sentença futura, terá havido citação válida. Luiz Fux partilha do mesmo entendimento, sugerindo a revisão legislativa do instituto: "entendemos de melhor visão prática a solução que vincula o nomeado, apesar de sua recusa, o que, aliás, segue a mesma linha da denunciação da lide, em que a recusa de qualidade pelo denunciado não o isenta dos efeitos da decisão (CPC, art. 75, II). Contudo, *de lege lata*, não é essa a regulação legal para o problema".[156]

É inadmissível que o autor, ciente de que está a litigar contra parte ilegítima, seja obrigado a desistir da ação para poder acionar aquele que entende ostentar legitimidade passiva (o nomeado), em virtude da recusa deste em integrar a demanda. Tal orientação afetaria gratuitamente a efetividade e a regra da economia processual.

Sabe-se, entretanto, que há divergência doutrinal, aqui exposta pela pena de Athos Carneiro: "é interessante observar que quando o autor recusar a nomeação estará assumindo o risco de litigar contra um réu parte ilegítima, e de, portanto, ver proferida sentença de extinção do processo sem julgamento de mérito, por carência de ação. Se foi o terceiro, o nomeado, quem recusou a nomeação, ao autor, que a aceitara, fica a opção de: a) assumir o risco de continuar litigando com o nomeante, que se afirmara parte ilegítima; ou b) desistir da ação contra o nomeante (v. art. 267, § 4º), a fim de propor nova demanda, já agora

---

precisando a norma ser interpretada dentro do sistema jurídico. Em qualquer demanda, a negativa do citado não deixa de integrá-lo na relação processual, nem lhe subtrai a condição de réu. Não é lícito possibilitar a quem, chamado para o processo, livre-se da qualidade de demandado. A matéria referente à legitimidade para a causa merece controle de ofício, não se podendo subtrair do juiz a oportunidade decisional e impor-lhe a aceitação da ausência de tal pressuposto por simples afirmativa da parte. Se aceita pelas partes a nomeação, e reconhecendo o juízo sua qualidade de legitimado, descabe livrá-lo do processo, pela sua negativa de participar do mesmo.
(*O Terceiro no Processo*, p. 115-116)
[156] *Intervenção de terceiros*, p. 30.

diretamente contra a pessoa indigitada pelo nomeante".[157] Por isso, a valia da revisão legislativa, tornando expressa a interpretação aqui preconizada e que hoje somente pode ser retirada sistematicamente do Código.

O formalismo aqui exerce um papel importante, quando garante ao autor – e tão-somente a este – manifestar-se favorável ou contrariamente à nomeação intentada pelo réu. Em última análise, é preservado o princípio dispositivo, pois ninguém é constrangido a demandar em face de outrem. Sobre esse prisma, então, justifica-se a exigência da concordância do demandante. Todavia, ir além seria inócuo e discreparia da regra geral de que toda pessoa que é acionada em juízo vincula-se à coisa julgada.

O nomeante, de seu turno, ao ser afastado do processo perde as faculdades processuais que antes detinha, afinal agora passa a ser terceiro no sentido puro do vocábulo.[158] Cabe, em todo caso, agravo de instrumento contra a decisão que aceita ou afasta o nomeado.

Uma questão a ser enfrentada nessas hipóteses diz respeito à vinculação do nomeante (que é excluído) ao resultado do processo, ou seja, caso ao fim o magistrado se convença de que não havia espaço para a nomeação aceita e que o verdadeiro legitimado era o réu originário. Qual a conseqüência dessa situação? A lógica impõe a admissão de que a sentença lhe alcance também, afinal houvera um convite para participar do contraditório, declinado por razões que se demonstraram injustificadas. Assim, há vinculação entre nomeante "extrometido" e sentença futura. Isto é, a extromissão operada não teria o condão de imunizá-lo da eficácia da decisão definitiva.

De toda sorte, acertado o cabimento da nomeação, seja pelo juízo singular, como pelo colegiado, o processo deve seguir sua marcha. Uma vez aceita, há a correção do pólo passivo e responderá o nomeado. Uma vez recusada pelo autor, a demanda prosseguirá tendo como réu o nomeante.

Para instrumentalizar o andamento, o art. 67 devolve o prazo de contestação ao réu-nomeante, caso sua nomeação tenha sido rechaça-

---

[157] Op. cit., p. 81-82.
[158] Dentre as quais a de recorrer: "Recurso de apelação. Nomeação à autoria. Ilegitimidade da nomeante para recorrer. Aceita a nomeação pelo nomeado, contra ele correrá o processo, afastando-se o nomeante da causa (art. 66, CPC). Ausência de legitimidade do nomeante excluído da lide para interpor apelação. Não conheceram do recurso. (AC nº 598456135, 10 C.C, TJRS, Rel. Des. Paulo Antônio Kretzmann, j. 17/12/98)

da.[159] Não basta a mera intimação da decisão, mas deve constar a finalidade do ato, que é a apresentação da resposta.[160] Outro será o efeito caso a contestação já tenha sido apresentada e nenhum prejuízo concreto seja apontado pelo interessado, que deixa a matéria precluir, evidenciando sua concordância.[161]

Deve ser referido, por fim, que há jurisprudência no sentido de que, quando manifestamente incabível a nomeação, não deve ser reaberto prazo contestacional, a fim de coibir o dolo processual.[162] Tal orientação se justifica, pois caso em todas as hipóteses o prazo pudesse ser reaberto, por mais esdrúxula que fosse a nomeação, a mesma tornar-se-ia um mecanismo de chicana, em arrepio ao dever de

---

[159] Nessa linha: "Nomeação à autoria: indeferimento pelo juiz. Reabertura de prazo para a defesa. Precedentes da Corte. 1. Pode o Juiz, se considerar que não estão presentes os pressupostos dos artigos 62 e 63 do Código de Processo Civil, indeferir o pedido de nomeação à autoria, mas, em tal caso, respeitando o sistema acolhido pelo art. 67 do mesmo Código, deve assinar ao nomeante novo prazo para contestar. 2. Recurso especial conhecido e provido." (STJ, RESP 257091/RO, 3ª Turma, Min. Carlos Alberto Menezes Direito, DJ: 08/04/2002, p. 209). Ainda: "Processual civil. Nomeação à autoria. Ofensa ao artigo 67 do CPC. I - Não há no artigo 67 do CPC qualquer ressalva quanto à hipótese de ter a parte, quando da nomeação à autoria, apresentado peça de defesa, devendo, portanto, este dispositivo ser aplicado mesmo que já tenha sido apresentada contestação. Isso porque, após o indeferimento do pedido, constata-se nova situação jurídica para o nomeante que a partir daí será considerado, efetivamente, parte legítima no processo. Ofender-se-ia a ampla defesa e o contraditório se ficasse a parte, diante da confirmação de sua legitimidade ad causam, impedida de apresentar resposta. II - Recurso Especial conhecido e provido." (STJ, RESP 235644 / SP, 3ª Turma, Rel. Min. Waldemar Zveiter, RSTJ, v. 143, p. 332)

[160] Nesse sentido: "Nomeação à Autoria. Não aceita esta pelo autor, não basta a intimação de despacho pelo juiz que acata a recusa para reabrir o prazo contestacional. A intimação, neste caso, deve ser expressa para tal fim. Sentença desconstituída, reabrindo-se o prazo contestacional. Apelação provida." (AC nº 599022480, 1ª Câmara de Férias Cível, TJRS, Rel. Des. Luís Augusto Coelho Braga, j. 23/03/99)

[161] Assim: "Agravo de instrumento. Ação de consignação em pagamento. Nomeação à autoria. Prazo contestacional. tendo já sido oferecida a contestação, juntamente com a nomeação, não há que se falar em novo prazo contestacional, sequer pretendido pelo réu. Agravo não provido." (AI nº 70000045161, 16ª C.C, TJRS, Rela. Desa. Helena Ruppenthal Cunha, j. 15/12/99)

[162] Assim: "Nomeação a autoria. Não se há de proceder a assinação de novo prazo para contestar se não quando cabível, em tese, a nomeação, quando ausentes os pressupostos capazes de justificar a incidência do disposto nos artigos 62 e 63 do CPC. A ser de modo diverso, poder-se-ia sempre dilargar o prazo para contestação, com inadmissíveis nomeações. Hipótese em que, de qualquer sorte, ficou claro que o réu, ao fazer a nomeação, esgotou a matéria de defesa." (STJ, RESP 19452 / RJ 3ª Turma, Rel. Min. Eduardo Ribeiro, DJ:11/05/1992, p. 6434) Em sentido diverso: "Nomeação a autoria. Recusa pelo autor. Aplicação do artigo 67 do CPC. Recusada pelo autor a nomeação à autoria, deve ser assinado ao réu novo prazo para contestar. A incidência do artigo 67 do CPC não pode ser afastada, mesmo nos casos de nomeação requerida de modo temerário, porque alheia às hipóteses dos artigos 62 e 63 do mesmo código. A nomeação de má-fé acarreta, em tese, as conseqüências dos artigos 17 e 18 do CPC, mas não subtrai à parte o direito ao contraditório pleno, sob o devido processo legal. Recurso especial conhecido e provido." (STJ, RESP 32605/RS, 4ª Turma, Min. Athos Carneiro, LEXSTJ, v. 55, p. 225)

probidade.[163] Como exceção à regra geral, essa opção, ao ser tomada, impõe ao órgão judicial ainda mais cuidado na fundamentação, a qual deverá necessariamente indicar o *iter* que permitiu a extração dessa medida extrema.

4.3. Conseqüências da não-nomeação e da nomeação errônea

Caso o réu não nomeie a autoria no prazo que lhe é assinado, responderá por perdas e danos. Essa responsabilidade persiste caso o demandado nomeie pessoa diversa daquela em cujo nome detém a coisa litigiosa. É o que reza o art. 69, CPC: "responderá por perdas e danos aquele a quem incumbia a nomeação: I - deixando de nomear à autoria, quando lhe competir; II - nomeando pessoa diversa daquela em cujo nome detém a coisa demandada".

A doutrina assevera que, em ambas as hipóteses, a responsabilização depende da comprovação da culpa do demandado. Ovídio Baptista afirma que: "a responsabilidade do demandado, nas duas hipóteses previstas pelo art. 69, não prescinde da demonstração de sua culpa em não promover a nomeação à autoria, sendo de afastar, como acertadamente afirma Arruda Alvim, a aplicação à espécie do princípio da responsabilidade objetiva".[164]

Em verdade, são situações distintas as previstas no artigo 69 e que deveriam ensejar diferença de tratamento por parte do operador. Vejamos o comportamento do réu em cada qual. Na primeira, ele sequer se dá ao trabalho de apresentar a parte legítima, embora ciente de que não é o legitimado para figurar no pólo passivo. Já na segunda, embora ciente, ele indica alguém, que vem a ser considerado também como parte ilegítima. Em tese, pode suceder, nesse segundo caso, que

---

[163] "Agravo de instrumento. Nomeação à autoria manifestamente descabida. Intuito procrastinatório que impede a devolução do prazo preconizada no art-67 do CPC. A nomeação à autoria, quando manifestamente incabível por não revestir, nem por longe, qualquer das hipóteses dos artigos 62 ou 63 do CPC, há de ser de plano rejeitada pelo juízo. Quando se insere a nomeação dentro de um contexto claramente indicativo do intuito procrastinatório, há que se recusar a devolução do prazo para contestar, previsto no art. 67 do CPC, pena de premiar-se a má-fé processual. Agravo provido". (AI nº 587033358, 4ª C.C., TJRS, Rel. Des. Jauro Duarte Gehlen, j. 02/09/87)
[164] *Comentários ao CPC*, v. 1. p. 326.

seu comportamento tenha sido leal, por desconhecer quem seria o legitimado.

Embora à primeira vista possa parecer simples a questão, afinal presume-se que o detentor saiba quem é o verdadeiro legitimado, pode ocorrer que este não seja a pessoa que rotineiramente lhe dá ordens, induzindo-o em erro. Por exemplo, figuremos a hipótese na qual a propriedade está registrada em nome de pessoa jurídica, sendo que o detentor nomeia um funcionário ou sócio daquela, que pensa ser o titular da coisa. O mesmo se dá quando o caseiro aponta um sujeito como proprietário sem saber que o imóvel fora alvo de doação ou compra e venda. Nessas circunstâncias, em que manifesta a boa-fé do demandado originário, condenar-lhe seria uma punição injustificada.

Assim, não há dúvidas quanto à natureza da responsabilidade, no caso do inciso II. É subjetiva, e para ser reconhecida depende da existência de uma conduta censurável, verificada inclusive através de indícios e presunções para não obstruir toda e qualquer chance de êxito do autor. A condenação em perdas e danos somente justifica-se como punição ao comportamento desleal do réu, o qual também é responsável pela boa administração da Justiça.

Mas e a responsabilidade do réu que não nomeia a autoria, também seria subjetiva? Em linha de princípio pode-se aceitar tal orientação, desde que seja traçada uma regra complementar dando conta de que o demandado que não nomeia a autoria é presumido responsável, cabendo a si a prova de não ter obrado com falta. Como imaginar que a pessoa que cuida de determinado bem, por ordens alheias, não tenha a menor noção acerca de quem é o verdadeiro legitimado? Essa indagação deve ser respondida pelo próprio réu, a fim de se escusar de reparar os danos ocasionados pela demora do processo.

De toda sorte, em qualquer dos casos, comprovada a litigância temerária, há espaço para a aplicação das penas previstas no Código. Incide, com todo vigor, o inciso V, do art. 17, sem embargo do manejo de ação civil reparatória, cujos pressupostos e escopos não se confundem com o dolo processual.

As perdas e danos previstas, por seguro, referem-se não apenas aos danos ocasionados pelo processo em si, que englobam, basicamente, as custas judiciais, honorários de advogado e eventualmente de perito. Soma-se a tais, também aquilo que o autor poderia ter conseguido utilizando-se da coisa discutida. O ônus dessa prova é do demandante. Tem aplicação, portanto, o art. 402 do Código Civil, que traça a regra geral acerca das perdas e danos: "salvo as exceções expressamente previstas em lei, as perdas e danos devidas ao credor abrangem, além do que efetivamente perdeu, o que razoavelmente deixou de lucrar".[165]

---

[165] Daí afirmar o professor ARRUDA ALVIM que: "a expressão, aqui, foi usada em sentido amplo, abrangendo os prejuízos propriamente processuais, despesas em geral e honorários, além dos prejuízos extraprocessuais, e, portanto, ressarcimento das perdas causadas ao próprio bem da vida, e os lucros cessantes, tendo em vista os direitos sobre ele legalmente exercidos". (*Manual de Direito Processual Civil*, p. 160.)

5. Da denunciação da lide

5.1. Conceito

Embora não definida pelo Código de Processo Civil de maneira explícita, as funções da denunciação da lide são bem conhecidas e não deixam dúvidas de seu papel dentro do microssistema processual. De um lado, pode servir para que a parte chame um terceiro para auxiliá-la na defesa (v.g. impedindo a evicção). De outro, serve para que o obrigado, pela lei ou pelo contrato, integre o processo e venha a ressarcir os prejuízos reconhecidos em eventual sentença de procedência da demanda (v.g. denunciação do segurador).

Logo, a denunciação da lide é o remédio processual disponibilizado para ambas as partes instrumentalizarem a pretensão de reembolso, através do chamamento de terceiro para integrar o processo.

A circunstância de a denunciação da lide, em tese, possuir objetivo dúplice fez com que o professor Ovídio Baptista da Silva aduzisse que, dependendo da demanda, a denunciação pudesse assumir a feição de chamamento à autoria (quando o objetivo é a defesa da coisa alienada).[166]

---

[166] O professor gaúcho assim pronuncia-se: "o instituto da denunciação da lide tem origem romana e sua função primordial liga-se ao interesse que o adquirente tem de dar conhecimento ao alienante da existência do litígio de que participa, a fim de que o alienante lhe preste auxílio na defesa da coisa por este transmitida, procurando impedir que o adquirente sofra evicção. Dois são os objetivos que poderão ser visados pela denunciação da lide. O primeiro reside no dever que o alienante tem de auxiliar o adquirente na defesa do direito sobre a coisa transmitida pelo ato de alienação; o outro é o dever de indenizar-lhe no caso de vir o adquirente a sofrer evicção. Dever de defesa, portanto, e dever de ressarcir os danos sofridos pelo adquirente em virtude da evicção, caso a defesa da coisa adquirida não seja capaz de evitá-la. Segundo preponde, na intenção do legislador, um ou outro desses dois interesses, a denunciação da lide conservará sua natureza ou poderá transformar-se em chamamento à autoria, denominações ambas que se referem ao mesmo instituto." (*Comentários ao CPC*, v. 1, p. 327)

Com razão, quando o denunciante, preocupado em perder a coisa adquirida do denunciado, chama-lhe para ingressar na demanda, em verdade seu interesse primordial é instá-lo a demonstrar a higidez do negócio celebrado, e não apenas se garantir contra eventual sentença de procedência. Nessa hipótese, mais parece um chamamento à autoria.

Mas essa não é a única função de denunciação à lide. A realidade forense demonstra que o instituto cumpre importante missão de instrumentalizar o direito de regresso ou de garantia dos jurisdicionados. A denunciação atende, assim, aos ideais de efetividade e economia processuais, facultando que as relações jurídicas travadas entre mais de duas pessoas sejam definidas e acertadas pela mesma sentença. Evita-se, com isso, a interposição de nova demanda regressiva.

Para que a denunciação tenha cabimento, é imprescindível que, ao menos em tese, o denunciante possa ser considerado prejudicado pelo direito reclamado pelo autor. Dessa forma, caso sua defesa se paute pela ilegitimidade passiva, a denunciação fica inviabilizada, na medida em que, uma vez atendida a solicitação do réu, não haverá espaço para a denunciação.

Daí advertir Humberto Theodoro Júnior, com apoio na jurisprudência do Superior Tribunal de Justiça, que "não se pode, enfim, utilizar a denunciação da lide com o propósito de excluir a responsabilidade do réu para atribui-la ao terceiro denunciado, por inocorrer direito regressivo a atuar na espécie. É que 'em tal caso, se acolhidas as alegações do denunciante, a ação haverá de ser julgada improcedente e não haverá lugar para regresso; desacolhidas, estará afastada a responsabilidade do denunciado".[167]

Situação diversa, todavia, ocorre quando o réu sugere que não é o responsável pelo dano, mas subsidiariamente aceita, no campo da argumentação, a versão do autor e demonstra que, caso aquele tenha razão, haveria campo para a introdução de terceiro da relação processual a fim de responsabilização. Nessa hipótese, há espaço para denunciação da lide, pois o reconhecimento da procedência da demanda originária permite o sucesso da denunciação. É o caso do demandado que não nega sua legitimidade, mas invoca culpa exclusiva da vítima, força maior ou caso fortuito. A fim de afastar o risco de as eximentes não serem reconhecidas, poderá denunciar a outrem.

---

[167] *Curso de Direito Processual Civil*, p. 112.

5.2. Hipóteses de denunciação da lide

Reza o Código, em seu art. 70, que a denunciação da lide é obrigatória em três hipóteses: I - ao alienante, na ação em que terceiro reivindica a coisa, cujo domínio foi transferido à parte, a fim de que esta possa exercer o direito que da evicção lhe resulta; II - ao proprietário ou ao possuidor indireto quando, por força de obrigação ou direito, em caso como o do usufrutuário, do credor pignoratício, do locatário, o réu, citado em nome próprio, exerça a posse direta da coisa demandada; III - àquele que estiver obrigado, pela lei ou pelo contrato, a indenizar, em ação regressiva, o prejuízo do que perder a demanda.

Entretanto, doutrina e jurisprudência interpretam o dispositivo de modo diverso, aduzindo que, em realidade, a denunciação tão-somente será "obrigatória" na primeira hipótese, isto é, no caso do exercício do direito de evicção. Nos demais casos, o não-oferecimento da denunciação não tem o condão de extinguir a pretensão de regresso, que poderá ser deduzida em processo autônomo.[168]

Sobre o tema, Sydney Sanches, em prestigiada tese de doutorado defendida no Largo do São Francisco em 02.12.1983, já oferecia as coordenadas que, anos após, iriam nortear a atividade de nossas Cortes. Asseverou o professor que "na hipótese do inciso I do art. 70 do CPC de 1973, o ônus de denunciar a lide acarreta à parte, que o desatende, a perda do direito material resultante da evicção, nos termos, ainda, do art. 1.116 do CC. Nas hipóteses dos incisos II e III, o descumprimento do ônus não implica a perda do direito à ação autônoma e menos ainda do direito material de indenização ou de regresso; a omissão apenas impede a formação, desde logo, nos mesmos autos, de título executivo contra o terceiro (art. 76) e sujeita o omisso aos riscos integrais de uma ação autônoma, em que amplamente se poderá discutir toda a matéria de fato ou de direito relacionada (inclusive) ao mérito, ventilada, ou não, bem ou mal explorada na ação originária".[169]

Uma conseqüência dessa disciplina é que o denunciado preterido poderá intervir no processo para assistir àquele que deixou de lhe

---

[168] Sobre o sentido do vocábulo "obrigatória", empregado nos incisos II e III do art. 70, CPC, GRECO FILHO indaga e responde: "mas pergunta-se: como interpretar, então, o termo obrigatória que também rege as hipóteses desses incisos? A solução lógica é a mesma encontrada pelo texto expresso do Código português: 'se o não chamar, terá de provar, na ação de indenização, que na demanda anterior empregou todos os esforços para evitar a condenação'". (*Direito Processual Civil Brasileiro*, 1º volume, p. 142. 17. ed. São Paulo: Saraiva, 2003)
[169] Denunciação da lide, *RePro*, 34/50.

denunciar. Existirá, na espécie, interesse jurídico para instrumentalizar a assistência, salvo no caso do inc. I, visto que, como dito, acarreta a perda do direito. Por conseguinte, desaparece o interesse jurídico.

5.2.1. Da denunciação da lide do alienante para o reconhecimento do direito de evicção

A primeira hipótese de cabimento da denunciação da lide regulada pelo art. 73 do Código de Processo endereça-se ao alienante que busca resguardar-se do eventual reconhecimento da evicção. Ocorre a evicção quando a sentença judicial reconhece a titularidade da coisa alienada a outrem (autor), que não o denunciante (réu).

Historicamente, o direito reconhece a evicção quando o adquirente, em razão de sentença judicial, perde a propriedade ou posse da coisa. No latim, *evictio* significa recuperação judicial da coisa. "A proteção do adquirente dos riscos da evicção, portanto, engloba a garantia da transferência regular e, num segundo momento, assegura-lhe a restituição do preço acrescida de indenização, caso o bem seja perdido na disputa judicial".[170]

Modernamente, entretanto, a doutrina e a jurisprudência admitem que não apenas a sentença oferta direito de evicção, mas sim todo e qualquer ato do Estado que possa privar o adquirente do bem negociado. Dessa forma, firmou-se o entendimento no sentido de que, para o exercício do direito que da evicção resulta ao adquirente, não é exigível prévia sentença judicial, bastando que fique ele privado o bem por ato de autoridade administrativa.[171] Com efeito, exigir que o lesado consiga uma sentença que demonstre a perda do bem, ademais de frustrar o escopo do sistema (que é proteger o comprador), afetaria a efetividade do instituto da denunciação. Daí a razão pela qual a prova da legalidade da apreensão do bem pela Administração Pública é sufi-

---

[170] Cf. ORLANGO GOMES, *Contratos*, p. 97. 18. ed. Rio de Janeiro: Forense, 1998.

[171] Exemplificativamente: "Evicção. Apreensão de veículo pela autoridade administrativa. Precedentes da Corte. 1. Precedentes da Corte assentaram que a 'existência de boa-fé, diante dos termos do art. 1.107 do Código Civil, não afasta a responsabilidade pelo fato de ter sido o veículo negociado apreendido pela autoridade administrativa, não sendo exigível prévia sentença judicial'. 2. Recurso especial não conhecido". (STJ, 3ª Turma, Rel. Min. Carlos Alberto Menezes Direito, DJ: 08.03.2000, p. 104). No mesmo sentido: "Evicção. Ato administrativo. Apreensão policial. O vendedor responde pela perda do bem apreendido por ato administrativo da autoridade policial." (STJ, 4ª Turma, Rel. Min. Ruy Rosado de Aguiar Júnior, Recurso Especial nº 62.575/MG, DJ: 16/10/1995, p. 34.669) Ainda, RESP 129427/MG, RESP 100928/RS, RESP 58232/SP, RESP 51771/PR.

ciente para trazer à baila a figura da evicção. Inexistindo dúvida sobre a legalidade do ato administrativo, a indenização em decorrência da evicção pode ser buscada. É o caso da apreensão de mercadoria pela polícia em virtude de origem clandestina.

O Código Civil, no art. 447, impõe a regra geral, pela qual nos contratos onerosos o alienante sempre responde pela evicção. A seguir, no art. 448, cria a exceção, referindo que as partes podem reforçar, diminuir ou mesmo excluir essa responsabilidade. Nessa hipótese, entretanto, cumpre ao alienante informar ao adquirente do risco que permeia o negócio. Do contrário, caso o adquirente não tenha assumido o risco específico, o preço pago deverá ser devolvido.

Uma vez reconhecida a evicção, o evicto terá direito à restituição do preço da coisa, calculado à época da evicção. Além disso, poderá ainda pleitear indenização dos frutos que tiver sido obrigado a restituir, indenização pelas despesas dos contratos, pelos prejuízos que diretamente dela resultarem, das custas judiciais e dos honorários advocatícios contratados.

Com o ingresso do alienante à lide, objetiva-se que esse obre no sentido de comprovar a regularidade do negócio jurídico que o ligou ao demandado, evitando, assim, que sobrevenha sentença de procedência. Denunciante e denunciado, dessa forma, somam todos os seus esforços para convencer o órgão judicial de que nenhum direito assiste ao autor. Parte-se do pressuposto de que ninguém melhor que o alienante (que ofereceu a coisa ao adquirente - ora denunciante) para atestar a idoneidade da avença.

A participação do alienante, portanto, é de rigor. Caso não ocorra a denunciação da lide, nessa primeira hipótese do art. 70 do Código de Processo, o direito que da evicção resultaria ao adquirente decai. É o que se depreende da leitura conjunta do diploma processual e do Código Civil, o qual, no art. 456, determina que "para poder exercitar o direito que da evicção lhe resulta, o adquirente notificará do litígio o alienante imediato, ou qualquer dos anteriores, quando e como lhe determinarem as leis do processo".

Sobre esse dispositivo, cumpre anotar uma novidade, consubstanciada na ampliação da legitimidade para a litisdenunciação. Antes, no Código Civil de 1916, cumpria ao denunciante chamar o alienante.[172]

---

172 Dispunha o art. 1.116 do Código de 1916: "para poder exercitar o direito, que da evicção lhe resulta, o adquirente notificará do litígio o alienante, quando e como lho determinarem as leis do processo".

Agora, com a nova dicção, abre-se-lhe a possibilidade de requerer o ingresso de qualquer dos alienantes anteriores.

Caso não observada a denunciação da lide por parte do adquirente, de nada adiantará que o mesmo intente futura ação de regresso, seja pelo fundamento da garantia, como do enriquecimento ilícito. Haverá, pois, perda do direito.

A rigor, somente nessa primeira hipótese a denunciação é obrigatória no sentido de que, uma vez não requerida, importa na perda do direito. Por decorrência, costuma-se dividir os casos de denunciação em duas categorias. As próprias (ou formais), que derivam da transmissão de direitos. E as impróprias, que surgem a partir da responsabilidade civil. Nessas últimas, o direito de regresso pode ser exercido independentemente da denunciação da lide do terceiro.

5.2.2. Da denunciação da lide ao proprietário ou ao possuidor indireto quando, por força de obrigação ou direito, em caso como o do usufrutuário, do credor pignoratício, do locatário, o réu, citado em nome próprio, exerça a posse direta da coisa demandada

A segunda hipótese de cabimento da denunciação da lide refere-se à demanda promovida contra quem detenha a posse direta da coisa demandada. Nesse caso, poderá ser denunciado o proprietário ou o possuidor indireto.

A denunciação da lide do inciso em comento somente pode ser entendida a partir do direito material, que prevê inúmeras situações nas quais a posse é desdobrada em duas, sendo exercida por sujeitos diversos e com fins distintos. Permite-se que o possuidor mantenha relação jurídica com outrem, cedendo-lhe parcela de seus direitos. É o caso do locatário que, em troca de remuneração, oferece o imóvel para o deleite do locador, ou do nu-proprietário em relação ao usufrutuário, e assim por diante.

Tendo em vista que ambos os sujeitos (nu-proprietário e usufrutuário, locador e locatários, etc.) têm direitos sobre a coisa, podem participar da demanda, sendo justificada a denunciação do possuidor indireto. Isto porque, como explica Caio Mário, "as posses direta e indireta coexistem; não colidem nem se excluem. Ambas, mediata e imediata, são igualmente tuteladas, sendo lícito ao terceiro oponente invocar em proveito próprio o desdobramento. Uma vez que coexistem, e não colidem, é lícito aos titulares defendê-la. Qualquer deles. Contra o terceiro que levante uma situação contrária, pode o possuidor direto invocar a proteção possessória, como igualmente o possuidor indireto, sem que haja mister provocar o auxílio ou assistência do outro. Cada um, ou qualquer um, defende a posse como direito seu, por título próprio, e independentemente do título do outro".[173]

O desdobramento da posse é regulado pelo art. 1.197 do Código Civil, que dispõe que a posse direta, de pessoa que tem a coisa em seu poder, temporariamente, em virtude de direito pessoal ou real, não anula a indireta de quem aquela foi havida, podendo o possuidor direto defender a sua posse contra o indireto.

Uma vez aceita a denunciação e contestada a demanda pelo proprietário ou possuidor indireto, novamente denunciante e denunciado intentarão obstar o reconhecimento de direito alheio. Ambas essas partes (denunciante e denunciado) pautarão suas defesas com fim idêntico. Podem, eventualmente, variar seus argumentos. Mas o escopo será sempre o mesmo. E, ademais, contarão com a possibilidade de, em caso de procedência da ação originária, regular no mesmo processo como se dará eventual direito de regresso ou garantia.

5.2.3. Da denunciação da lide àquele que estiver obrigado, pela lei ou pelo contrato, a indenizar, em ação regressiva, o prejuízo do que perder a demanda

A terceira hipótese de cabimento da denunciação da lide ocorre quando um terceiro estiver comprometido, pela lei ou pela vontade, a indenizar o réu em ação regressiva em caso de procedência da ação. Nesses casos, ocorre a facultatividade da denunciação, isto é, sua não-execução não acarreta óbice para ação posterior.

Sobre a origem desse terceiro inciso, o professor Dinamarco, em conhecida monografia acerca do tema, refere que a origem do inciso remonta a necessidade premente de os segurados encontrarem um meio processual para responsabilizar as seguradoras, fazendo valer os benefícios dos contratos com elas celebrados.[174]

---

[173] *Instituições de Direito Civil*, v. IV, p. 27.

[174] Explica o professor paulista: "o inc. III do art. 70 veio à ordem positiva brasileira num quadro de pressões em que inúmeras vezes era feito o chamamento à autoria fundado na garantia imprópria. Isso acontecia principalmente da parte de segurados, que, demandados em juízo, queriam chamar à autoria a empresa seguradora, com quem mantinham contrato. Tais investidas

Contudo, com base na textura ampla do dispositivo, que se refere à lei ou ao contrato, a jurisprudência foi ampliando as hipóteses de cabimento da denunciação. São exemplos dessa exegese: a responsabilidade do endossatário-mandatário perante o endossante-mandante,[175] do agente público perante o Estado,[176] etc.

A denunciação formulada com fundamento no inciso III por regra acarreta a ampliação do objeto litigioso, o qual na verdade transforma-se em dois: um na demanda originária e outro distinto, na denunciação. No entanto, uma vez que o objetivo da denunciação da lide é colaborar com a instrumentalização do processo, permitindo que este alcance maior efetividade, a jurisprudência criou pequeno óbice para o manejo do instituto. Trata-se da proibição de se expandir em demasia o mérito dos processos (ou o objeto de cognição do juízo) de modo a afetar a efetividade dos direitos.

O Tribunal de Justiça do Rio Grande do Sul, em inúmeros julgados, considerou inviável a inserção de novo debate no processo através da denunciação da lide.[177] Em realidade, a discussão cinge-se à maior

---

eram em princípio rechaçadas pelos tribunais, mas preponderava a impressão de que seria conveniente criar mecanismos legais para sua acolhida. Sentiu o legislador a utilidade de abreviar a responsabilidade das seguradoras ou de outros que de algum modo tivessem a obrigação de oferecer garantia de qualquer ordem à parte. Daí a implantação da hipótese descrita no inc. III do art. 70, de redação intencionalmente ampla e destinada a ter vasta abrangência, para maior efetividade do instituto e da tutela jurisdicional que mediante ele se possa obter". *In Intervenção de Terceiros*, p. 179-180.

[175] "Denunciação da lide. Ação de indenização. Art. 70, III, do Código de Processo Civil. Relação entre mandante e mandatário em caso de endosso para a cobrança e protesto de título. 1. O endossatário-mandatário responde perante o endossante-mandante pelos atos que praticar no cumprimento do mandato, pertinente, portanto, a incidência do art. 70, III, do Código de Processo Civil, deferida corretamente a denunciação. 2. Recurso especial não conhecido." (STJ, RESP 332839/MG, 3ª Turma, Rel. Min. Carlos Alberto Menezes Direito, DJ:25/11/2002, p. 229)

[176] "Processual civil. Responsabilidade civil da administração pública. Direito regressivo. Art. 70, III do CPC. Denunciação da lide do agente público. Possibilidade. Princípio da economia processual. 1. O Estado responde pelos danos que seus agentes causarem a terceiros. Sua responsabilidade é objetiva, independe de dolo ou culpa. O agente público causador do dano, por sua vez, indeniza regressivamente a Administração Pública. 2. Em virtude do direito de regresso existente entre o Estado e o funcionário de seus quadros, é admissível a denunciação da lide, com arrimo no art. 70, III do CPC, para que o servidor causador do dano integre a relação processual na condição de litisdenunciado. 3. Recurso especial conhecido e provido. Decisão unânime. (STJ, RESP 156289/SP, 1ª Turma, Rel. Min. Demócrito Reinaldo, DJ: 02/08/1999, p. 143)

[177] Assim: "Denunciação da lide. Direito de regresso. Fato novo. É inadmissível a denunciação da lide quando, para o reconhecimento do direito de regresso, há necessidade de introduzir fundamento novo, não constante na demanda originária. Necessidade, na hipótese, de análise da contribuição culposa da empresa locadora do maquinário, que, por irregular funcionamento, teria provocado o evento infortunístico". (TJRS, 9ª C.C., Rel. Maria Isabel Broggini, AI 70001665694, j. 28.12.2000)

ou menor extensão da aplicação do art. 70, III, do CPC. A denunciação da lide, para aqueles mais conservadores, não seria o remédio processual adequado para realizar-se "simples ação de regresso", pela via da introdução de fundamento jurídico novo, ausente na demanda originária.

Vicente Greco Filho chega a excluir a denunciação da lide para os casos de ação de regresso, reservando o instituto para as demandas de garantia.[178]

Sim, é certo que a simples verificação de direito de regresso não dá azo ao manejo da denunciação. Para seu cabimento, é necessário que a lei ou o contrato apresentado estampe com relativa margem de segurança a alta probabilidade do denunciado, em caso de derrota do denunciante, arcar, sucessivamente, com essas despesas. Entretanto, nada impede que o denunciante, com cautela, introduza argumentos novos, afinal caso a introdução de elementos novos (ou fundamentos jurídicos novos) obstasse toda e qualquer denunciação, forçoso concluir que o papel desse tipo de intervenção seria sensivelmente restringido no microssistema processual brasileiro. Essa situação, de perplexidade, foi bem apanhada por Dinamarco, que se manifesta contrário à tese restritiva de Greco Filho, a qual espelharia um vício metodológico do processo civil do autor.[179]

---

[178] *Direito processual civil brasileiro*, v. 1, p. 144. 14. ed. São Paulo: Saraiva, 1999.

[179] Para DINAMARCO: "A mais profunda das polêmicas que o inciso III suscitou é a da admissibilidade ou inadmissibilidade da denunciação da lide quando esta inserir no processo novas questões que ampliem o objeto do conhecimento do juiz, ocasionando demoras na instrução. Impressionados com conhecidíssima posição doutrinária (Vicente Greco Filho), os tribunais brasileiros passaram a rejeitar a litisdenunciação quando isso acontece, mas sem razão. A tese da inadmissibilidade apóia-se em conceitos e distinções vigentes no direito italiano, que no Brasil inexistem – especialmente na distinção entre garantia própria e imprópria. Na Itália, em caso de garantia própria, a parte tem a faculdade de fazer a *chiamata in garanzia* (equivalente da litisdenunciação brasileira) e, quando a garantia for imprópria, ela dispõe do *intervento coatto*, que produz efeitos análogos ao daquela. No Brasil, em que inexiste essa segunda modalidade, a distinção proposta deixaria a parte sem qualquer possibilidade de trazer o terceiro ao processo. O resultado, sumamente injusto, consistiria em privar a parte dos benefícios da litisdenunciação, a saber: ela necessitaria de propor depois a sua demanda pelo ressarcimento, com o risco de voltar a sucumbir em face do garante. A tese restritiva parte do falso pressuposto de que todo o processo seja realizado para satisfazer o autor a todo custo, sem considerar que também o réu pode ser titular do direito à alguma tutela jurisdicional, tal é o vício metodológico do processo civil do autor que precisa ser extirpado da mentalidade dos operadores do processo (supra, n. 39). Felizmente, os tribunais já não se posicionam tão firmemente em prol dessa tese restritiva. Obviamente, quando a denunciação da lide for abusiva e revelar o propósito de tumultuar o processo e com isso alongar-lhe a duração, por esse motivo ela deve ser repelida (CPC, art. 125, II e III)". *In Instituições de Direito Processual Civil*, II, p. 404.

Com razão, deve ser interpretada com muitos grãos de sal a orientação que veda a denunciação da lide quando há introdução de nova matéria fática. É importante que, antes de seu indeferimento, seja analisado se essa postura irá ensejar dilação probatória específica, acarretando, por conseguinte, demora inesperada ao processo. Por isso, antes de deferir a denunciação formulada, deve o magistrado analisar quais efeitos que a mesma trará ao processo.

Nesse sentido, já decidiu acertadamente o Superior Tribunal de Justiça, quando aduziu que a denunciação da lide "não tem sido admitida quando introduz na relação processual a necessidade do exame de outra relação de direito material que não é necessária para o julgamento do pedido do autor, disso decorrendo maior extensão para o tema da prova, e, por conseguinte, demora na tramitação do feito, que foi proposto pelo lesado para a satisfação do seu interesse, e não para resguardar eventual interesse do causador do dano, que sempre fica com o direito regressivo de agir contra aqueles que entendam devam ser responsabilizados".[180]

Em outra oportunidade, a mesma Corte asseverou que não se admite a denunciação da lide em havendo fundamento ou fato novo. É que o espírito do instituto é justamente evitar a demora da prestação jurisdicional, evitando-se prejuízo a ambas as partes. Dessa forma, quando aceita a denunciação, com o alargamento do mérito, estar-se-ia prejudicando o autor. Mas, nessa mesma oportunidade, o STJ acertou que somente não deve ser deferida a litisdenunciação se o seu desenvolvimento importar, como no caso, na necessidade de o denunciado invocar fato novo ou fato substancial distinto do que foi veiculado na defesa da demanda principal, não estando o direito de regresso comprovado de plano, nem dependendo apenas da realização de provas que

---

[180] Trecho do voto proferido no julgamento do Recurso Especial nº 411.535/SP. Íntegra da ementa: "Responsabilidade Civil. Construção. Defeito. Inundação. Tutela antecipada. Denunciação da lide. Prescrição. - Deferimento de tutela antecipada em ação promovida pelo adquirente de apartamento contra a construtora, por periódicas inundações do seu apartamento. Necessidade de receber o necessário para pagamento de aluguel de outro imóvel enquanto são realizadas as obras necessárias. - Indeferimento da denunciação da lide ao fornecedor do aparelho, que seria defeituoso, e ao Condomínio, uma vez que introduziria fundamentos novos na relação processual, com a inevitável procrastinação do feito, em prejuízo do lesado. - É prescricional, não decadencial, o prazo para o proprietário acionar o construtor para a reparação do defeito e a indenização dos danos. Recurso não conhecido." (RESP 411535/SP, 4ª Turma, Rel. Min. Ruy Rosado de Aguiar Júnior, DJ:30/09/2002, p. 267)

seriam produzidas em razão da própria necessidade instrutória do feito principal.[181]

No ponto, nota-se, como sói acontecer em todo processo judicial, uma certa tensão entre duas pretensões abstratamente legítimas, mas que, no caso concreto, podem entrar em rota de colisão. De um lado, encontra-se o réu, o qual, em caso de improcedência da demanda, sentir-se-ia mais tranqüilo caso seu direito de regresso fosse reconhecido simultaneamente. De outro, o autor (supostamente lesado), que conserva o direito de receber uma prestação jurisdicional tempestiva.

A solução é ponderar, no caso concreto, qual dos dois interesses merece tutela imediata, mediante criteriosa análise globalizada. Cumpre, assim, ao interessado demonstrar que a denunciação não irá atrapalhar a marcha normal do processo. Nessa hipótese, se deferida a denunciação, duas relações de direito material serão resolvidas em idêntica sentença, colaborando com a economia processual e a efetividade.

Portanto, não é a mera introdução de fato ou fundamento novo que impede o manuseio da denunciação, mas sim os efeitos concretos que esse comportamento acarretará ao processado. Novamente, ao analisar seu cabimento, o órgão judicial deverá motivar seu provimento à luz dos princípios maiores da ordem processual: segurança e efetividade, preservando, na medida das contingências do caso, seu núcleo essencial, para garantir a isonomia das partes.

5.2.4. Da denunciação da lide pelo Estado do funcionário causador do dano

Durante muito tempo, discutiu-se acerca da conveniência de se permitir a denunciação da lide do funcionário apontado como responsável pelo dano, em ações cujo pólo passivo era ocupado pelo Estado. O problema pode ser colocado a partir do que dispõe o art. 37, § 6º, da Constituição Federal: "as pessoas de direito público e as de direito

---

[181] Íntegra da ementa: "Processual Civil. Denunciação da Lide. Inadmissibilidade. Não se admite a denunciação da lide pretendida com base no inciso III do art. 70 do Código de Processo Civil se o seu desenvolvimento importar, como no caso, na necessidade de o denunciado invocar fato novo ou fato substancial distinto do que foi veiculado na defesa da demanda principal, como no caso, não estando o direito de regresso comprovado de plano, nem dependendo apenas da realização de provas que seriam produzidas em razão da própria necessidade instrutória do feito principal. Recurso não conhecido." (Recurso Especial 299.108/RJ, Rel. para acórdão Min. César Asfor Rocha, DJ: 08/10/2001, p. 220)

privado prestadoras de serviços públicos responderão pelos danos que seus agentes, nessa qualidade, causarem a terceiros, assegurado o direito de regresso contra o responsável nos casos de dolo ou culpa".[182]

A conexão da norma constitucional com o Código de Processo Civil dar-se-ia pelo inciso III do art. 70, ao prescrever que a denunciação da lide é "obrigatória" àquele que estiver obrigado, pela lei ou pelo contrato, a indenizar, em ação regressiva, o prejuízo do que perder a demanda.

De um lado, argumenta-se que é conveniente ao Estado chamar desde logo o funcionário causador do dano, a fim de que a sentença defina ambas as relações de direito material oriundas do episódio da vida discutido.[183] De outro, refere-se a impossibilidade dessas demandas serem cumuladas, afinal suas causas de pedir não se confundem.[184] Isso porque a relação entre o Estado e a vítima guia-se pela responsabilidade objetiva advinda da teoria do risco, ou seja, prescindindo da análise de culpa. Já a denunciação formulada pelo Estado disciplina-se pela responsabilidade subjetiva, e, por isso, depende de instrução probatória distinta, para verificar a presença de falta ou dolo.[185]

Em verdade, a preocupação é salvaguardar a tempestividade da tutela jurisdicional, que poderia sucumbir em face da introdução de novos elementos fáticos que não se encontravam na *causa petendi*, a ensejar longa e diversa instrução probatória. Em outras palavras, como já asseverou a jurisprudência gaúcha, a admitir-se a denunciação da lide nessas hipóteses (ante a simples possibilidade de direito de regres-

---

[182] O tema foi abordado de forma exaustiva, ainda na vigência da Constituição anterior, por EDSON MALACHINI. Responsabilidade Civil do Estado e Denunciação da lide. *In Revista de Processo*, 41/20.

[183] É a opinião de HUMBERTO THEODORO JUNIOR: "há quem, na doutrina e na jurisprudência, defenda a tese de que não pode haver denunciação da lide nas ações de responsabilidade civil contra o Estado, porque este responde objetivamente, e o direito regressivo contra o funcionário depende do elemento subjetivo de culpa. A denunciação, na hipótese, para que o Estado exercite a ação regressiva contra o funcionário faltoso, realmente não é obrigatória. Mas, uma vez exercitada, não pode ser recusada pelo juiz." (*Curso de Direito Processual Civil*, p. 112.)

[184] É a posição de GRECO FILHO, *in Direito Processual Civil Brasileiro*, v. 1, p. 146.

[185] Como atesta a seguinte ementa: "Agravo interno. Decisão monocrática denegatória de seguimento. Responsabilidade civil objetiva do estado. Intervenção de terceiros. Denunciação da lide facultativa. Prejuízo ao autor da demanda. Responsabilidades de naturezas diversas. Conforme assentado em decisão monocrática, não é obrigatória a denunciação a lide de servidores públicos quando se trata de ação com base na responsabilidade objetiva do Estado, podendo a Administração Pública, em ação e momentos próprios, aferir da culpa ou dolo de seus funcionários quando do evento danoso. Agravo interno desprovido. Unânime." (AI nº 70005761705, 2ª Câmara Especial Cível, TJRS, Rel. Des. Mario Rocha Lopes Filho, j. 20/03/03)

so) os princípios da economia processual e da celeridade seriam irremediavelmente afetados, prejudicando sobremaneira o autor (vítima). Em alguns casos, importaria em "verdadeira denegação da justiça".[186]

Todavia, essa orientação encontra-se longe de ser pacífica. O mesmo argumento da instrumentalidade das formas e da preocupação com a efetividade do processo é utilizado por aqueles que permitem a denunciação do funcionário que, em tese, é o causador do dano discutido. Assevera-se que o mesmo princípio que estabelece a responsabilidade objetiva do Estado lhe assegura o direito de regresso mediante a prova do dolo ou culpa.[187]

A divisão pode ser observada também no seio do Superior Tribunal de Justiça. Existem linhas de argumentação diversas. Alguns julgados mostram-se contrários à admissibilidade da denunciação se o seu desenvolvimento depender da realização de outras provas além daquelas que serão produzidas em razão da própria necessidade instrutória do feito principal, em face da introdução de elemento novo.[188] Esta corrente afirma que é inviável a denunciação da lide ao agente público que age com culpa (responsabilidade subjetiva), quando a Administração Pública é demandada nas ações de ressarcimento pelo risco administrativo (responsabilidade objetiva). Parte-se da premissa que a denunciação da lide do garantidor não pode acrescentar ao feito originário fundamento novo (dolo ou da culpa do funcionário) não constante na demanda principal. Conserva-se, todavia, o direito do Estado de acionar regressivamente seu preposto em ação autônoma.[189]

Outras decisões admitem, em casos especiais, a denunciação. Intentam, de outra forma, regular o conflito entre os valores segurança

---

[186] Expressão cunhada no voto em AI nº 70005589452, 9ª C.C., TJRS, Rel. Des. Adão Sérgio do Nascimento Cassiano, j. 19/03/03.

[187] Exemplificativamente: "Embargos Infringentes. Responsabilidade civil. Acidente de veículo. Denunciação do agente público. Como as decisões tomadas na esfera da sindicância administrativa não têm efeito de coisa julgada para a ação cível de indenização, o reconhecimento em tal sindicância da inexistência de responsabilidade do motorista do veículo do ente público, não afasta a sua denunciação a lide. Interesse processual. O mesmo princípio que estabelece a responsabilidade objetiva do Estado, lhe assegura o direito de regresso mediante a prova do dolo ou culpa. Desacolheram, por maioria". (Embargos Infringentes nº 70000834069, 6º Grupo de Câmaras Cíveis, TJRS, Rel. Cézar Tasso Gomes, j. 22/12/2000)

[188] Nesse sentido: RESP 433442/SP, 4ª Turma, Rel. Min. César Asfor Rocha, DJ: 25/11/2002, p. 241. Do mesmo Relator e em idêntico sentido, RESP 191118/PR, DJ: 12/08/2002, p. 213 e RESP 228964/RS, 2ª Turma, Rel. Min. Eliana Calmon, DJ: 08/10/2001, p.196.

[189] 2ª Turma, /SP, DJ:13/08/2001. 2ª Turma, /MG, DJ: 25/09/2000. 2ª Turma, /PR, DJ:02/05/2000.

e efetividade. Recomenda-se a denunciação da lide do agente causador do dano. Entretanto, se indeferida, não há que se falar em nulidade. Prestigia-se, assim, o princípio da economia processual, salvaguardando-se o direito de o Estado discutir a responsabilidade do servidor em demanda autônoma.[190]

A discussão deve passar pela indagação acerca dos efeitos da participação do terceiro no processo. Dentre esses, destaca-se a provável colaboração que aquele possa oferecer ao denunciante, na tentativa de esgrimir a pretensão do autor. Outro critério de suma importância é verificar, no caso concreto, se a presença de parte estranha terá o condão de afetar a tão propalada economia processual. Dessa forma, qualquer decisão acerca do cabimento da denunciação do funcionário deve passar pela análise da matéria fática deduzida na inicial e, eventualmente, na contestação.

Não se deve olvidar que, no mais das vezes, o denunciado será aquele que melhor terá condições de fornecer elementos de convicção para o correto julgamento da causa, tendo em vista sua participação, em tese, no evento narrado na inicial. Dessa forma, privar o Estado de contar com a colaboração de seu funcionário, cujo comportamento é inquinado de ilegal, é favorecer sobremaneira a parte autora, em detrimento de seu oponente. Para que o Estado logre quebrar o nexo de causalidade demonstrando a culpa exclusiva da vítima (ou mesmo instrumentalize o regresso), é de todo conveniente o ingresso do funcionário, afinal resolver-se-ão duas relações autônomas em apenas uma sentença, sem, contudo, comprometer a celeridade da instrução probatória.

Portanto, no plano abstrato, é viável a litisdenunciação do funcionário tido como causador do dano. Todavia, seu deferimento somente deve acontecer quando verificada no caso concreto a conveniência do ingresso do terceiro, o que se faz a partir da constatação da tese do autor e defesa do Estado, a fim de avaliar em que medida haverá, ou não, instrução probatória específica. Em outras palavras, não demonstrado o prejuízo ao autor, pela tardança na prestação jurisdicional, deve ser admitida a denunciação do funcionário.

---

[190] Dentre farta jurisprudência, Recurso Especial nº 197374/MG, Rel. Min. Garcia Vieira, Recurso Especial nº 165411/ES, Rel. Min. Garcia Vieira e Recurso Especial nº 11599/RJ, Rel. Min. Sálvio de Figueiredo Teixeira. Ainda: 2ª Turma, Recurso Especial 382.240/DF, DJ: 19/08/2002.

5.3. Do procedimento

Muitas são as particularidades do procedimento da denunciação da lide, as quais, quando desobedecidas, podem levar a resultados desastrosos que vão desde o indeferimento da denunciação até a completa ineficácia do remédio jurídico processual. Por isso, abaixo serão apontadas algumas singularidades.

A denunciação da lide deve ser veiculada através de petição autônoma que atenda os arts. 282 e 283 do CPC. Somente assim o denunciado poderá exercitar seu direito constitucional de defesa.[191]

Podem se valer da litisdenunciação tanto o autor como o demandado. E mesmo o demandado pode denunciar seu litisconsorte a lide, em vista da pretensão regressiva que lhe dá interesse jurídico.

Quanto ao procedimento, disciplina o art. 71 do Código de Processo Civil, que a citação do denunciado será requerida juntamente com a do réu, se o denunciante for o autor; e, no prazo para contestar, se o denunciante for o réu. Caso não obedecidos esses prazos, a denunciação deve ser indeferida.[192] Já se vê que, em tese, tanto autor como réu podem denunciar terceiro à lide. A prova do cabimento do veículo processual, de seu turno, deve ser imputada justamente ao interessado no chamamento.

Quando requerida pelo autor, e deferida pelo juízo, três podem ser as conseqüências. Ou o denunciado comparece e integra o pólo ativo da demanda, podendo, inclusive, aditar a petição inicial. Ou permanece em silêncio, deixando o processo correr entre autor e demandado. Ou, ainda, nega sua condição. Em todas as hipóteses, o autor-denunciante terá o direito de resolver em sentença suas relações com o denunciado.

Uma vez ordenada a citação, o processo deve ser suspenso, à luz do art. 72 do mesmo diploma. Aqui, é importante assinalar que nada

---

[191] Nesse sentido, já decidiu o Tribunal de Justiça do Rio Grande do Sul: "Denunciação de lide. Descabimento. Ausência de subsunção às hipóteses alencadas no artigo 70 do CPC. 1. É descabida a denunciação de lide fora das hipóteses legais. Ausência de obrigação legal ou contratual a introduzir a intervenção. 2. Denunciação inepta, pois não atende aos pressupostos do artigo 282 do CPC. Intervenção negada. Decisão mantida. Agravo improvido". (AI 70003034204, 10ª C.C., TJRS, Rel. Paulo Antônio Kretzmann, j. 18/10/2001)

[192] Já decidiu o Superior Tribunal de Justiça: "Denunciação da lide. Seguradora. Já instaurada a instrução probatória, não é de ser anulado o processo para permitir a denunciação da lide à seguradora. Prevalência dos princípios da economia e presteza na prestação jurisdicional. Precedentes. Recurso não conhecido". (STJ, RESP 324.342, 4ª Turma, Rel. Min. Ruy Rosado de Aguiar Júnior, DJ: 18/02/2002, p. 455)

impede que a parte interessada tome iniciativas que julgar oportunas, como a proposição de ação cautelar para produção antecipada de provas ou mesmo replicar a demanda principal, pois esta medida somente poderá vir contra seus próprios interesses, já que não poderá oferecer novamente réplica após a manifestação do denunciado (preclusão consumativa).

Preocupado com o risco de delonga na citação, o Código impõe que a citação do alienante, do proprietário, do possuidor indireto ou do responsável pela indenização seja realizada em 10 dias, quando o denunciado residir na mesma comarca, e em 30, quando resida em comarca distinta, ou em lugar incerto. Não se procedendo à citação no prazo marcado, a ação prosseguirá unicamente em relação ao denunciante, de acordo com o § 2º do artigo 72. Em verdade, tais normas devem ser interpretadas com tempero, afinal, de nada adianta imputar ao denunciante o risco completo pela demora na citação, a qual, para se implementar, depende de serviço alheio. Uma boa medida, nesse contexto, é viabilizar a citação postal na forma da lei, tendo em vista a comum presteza do serviço de correio no Brasil.

Todavia, caso escoado o prazo e ainda não perfectibilizada a citação, não cabe ao juiz de ofício reformar sua decisão e tornar sem efeito a denunciação. Essa iniciativa depende de requerimento do interessado. Como a tempestividade da tutela interessa em especial às partes, melhor é deixar que elas próprias requeiram aquilo que julgarem mais razoável para seus interesses.

Segundo o art. 74 do Código de Processo Civil, feita a denunciação pelo autor, o denunciado, comparecendo, assumirá a posição de litisconsorte do denunciante e poderá aditar a petição inicial, procedendo-se em seguida à citação do réu. Em sentido oposto, uma vez realizada a denunciação pelo réu, e aceita pelo denunciado, ambos prosseguirão no pólo passivo, tal como se litisconsortes fossem. Em razão de peculiaridades dessa segunda categoria, a matéria será analisada em tópico específico.

É importante assinalar que existe previsão dando conta da definição da denunciação e da relação originária na mesma sentença. Tal se dá na maioria dos casos, afinal, somente após a instrução é que o magistrado maturará seu convencimento. Entretanto, caso antes desse momento torne-se clara a ilegitimidade do denunciado, poderá o mesmo ser excluído do processo, por uma decisão interlocutória.

5.4. Da formação do litisconsórcio passivo

Refere o art. 75 que uma vez realizada a denunciação pelo réu podem surgir três hipóteses, a saber: (I) se o denunciado a aceitar e contestar o pedido, o processo prosseguirá entre o autor, de um lado, e de outro, como litisconsortes, o denunciante e o denunciado; (II) se o denunciado for revel, ou comparecer apenas para negar a qualidade que lhe foi atribuída, cumprirá ao denunciante prosseguir na defesa até o final e (III) se o denunciado confessar os fatos alegados pelo autor, poderá o denunciante prosseguir na defesa. Em ambas as hipóteses, os efeitos da sentença projetam-se para além das partes originárias, vinculando também o denunciado. São situações diversas que, como tais, ensejam efeitos distintos.

Na primeira hipótese, na qual o denunciado aceita sua condição e contesta o pedido do autor, é conveniente que seja tratado tal como litisconsorte passivo. Por seguro, o que existe é uma equiparação dos efeitos da denunciação ao litisconsórcio, e não propriamente a formação de um litisconsórcio ulterior. A participação do denunciado frente ao denunciante, quando aceita a medida, mais parece uma assistência simples, tendo em vista que inexiste alegada relação de direito material entre denunciado e adversário do denunciante.

Mas a equiparação ao litisconsórcio traz algumas conseqüências importantes no plano processual. Dentre essas, estará a ausência de sucumbência do denunciado, caso não oponha resistência ao pleito do denunciante. Haverá, sim, soma de defesas do réu originário e do terceiro denunciado, descabendo sua condenação em honorários frente ao denunciante.[193]

---

[193] Assim decidiu o Superior Tribunal de Justiça: "Processo civil. Ação de indenização. Juros de mora. Termo inicial. Interesse. Ausência. Honorários. Denunciação da lide. Descabimento. Ausência de resistência da denunciada. Recurso provido parcialmente. I - Quando o provimento do recurso não traz qualquer benefício à parte recorrente, uma vez ausente decisão contrária ao seu pedido, carece o recurso de pressuposto intrínseco de admissibilidade, qual seja, o interesse. II – Não havendo resistência da denunciada, ou seja, vindo ela a aceitar a sua condição e se colocando como litisconsorte do réu denunciante, descabe a sua condenação em honorários pela denunciação da lide, em relação à ré-denunciante." (STJ, RESP 139806/MG, 4ª Turma, Rel. Min. Sálvio de Figueiredo Teixeira, DJ: 12/08/2002, p. 212) No mesmo sentido: "Processo Civil. Honorários de Advogado. Denunciação da Lide. À vista da natureza condicional da denunciação da lide, a respectiva procedência só induz a condenação em honorários de advogado, quando for objeto de resistência; se aderiu, simplesmente, à defesa que o denunciante opôs ao autor da demanda, sem negar sua responsabilidade acaso procedente a ação, o denunciado não está sujeito ao pagamento de honorários de advogado. Recurso especial conhecido e provido". (STJ, RESP 285.723/RS, 3ª Turma, Relator para acórdão, Min. Ari Pargendler, DJ: 08/04/2002)

De outro lado, em circunstâncias excepcionais, e em razão dos interesses globalmente analisados, será viável a condenação direta do denunciado frente ao autor. Assim, o exeqüente poderia atacar o patrimônio tanto do denunciante, como do denunciado.

Entretanto, se o denunciado incorrer na revelia, ou ingressar no feito com o escopo de apenas negar sua qualidade, nenhum efeito negativo terá sobre a atuação do denunciante, que deverá prosseguir em sua defesa. A revelia do denunciado não permite, de maneira alguma, concluir que os fatos alegados pelo autor sejam verdadeiros. A presunção de veracidade limita-se à matéria ventilada na denunciação formulada, desinteressando por completo à demanda primitiva. Nessas hipóteses, surgem duas ações distintas, ou, como quer a doutrina, *simultaneos processus*.

Tampouco confessando os fatos alegados pelo autor, o denunciado prejudicará formalmente a argumentação do denunciante, o qual poderá valer-se de todos meios de prova para contraditar os fatos trazidos pelo requerente e admitidos ou confessados pelo denunciado. Mais uma vez, há equiparação da atuação ao litisconsórcio facultativo, no qual os atos e omissões de uma parte não prejudicam nem beneficiam a outra.

5.5. Da extromissão do denunciado

Uma das questões mais interessantes e atuais no tema relativo à denunciação da lide diz respeito à possibilidade de o denunciante ser afastado do processo, de modo que a demanda prossiga entre o autor e o denunciado.

A lei italiana responde afirmativamente, principalmente em razão do disposto no art. 108 de seu diploma processual civil que reza: "se il garante comparisce e accetta di assumere la causa in luogo dal garantito, questi può chiedere, qualora le altre parti non si oppongano, la propria estromissione. Questa è disposta dal giudice con ordinanza; ma la sentenza di merito pronunciata nel giudizio spiega i suoi effetti anche contro l'estromesso".

É preciso deixar claro que a "chiamata in garanzia" no sistema italiano visa a instrumentalizar as garantias próprias. Já as garantias impróprias são zeladas através da intervenção coativa. No Brasil, ambas as espécies de garantias são efetivadas pela denunciação da lide, sendo essa uma das razões pelas quais justifica-se a interpretação mais suave da vedação à inserção de fundamento novo, como salientado anteriormente.

No entanto, na Itália, existem requisitos a ser observados. Inicialmente, cumpre ao interessado (garantido) solicitar sua extromissão do feito, sendo vedado ao magistrado excluí-lo de ofício. Em segundo lugar, as demais partes devem aceitar sua retirada, evidentemente, com razões legítimas e sem incidir na litigância temerária. Mesmo fora da demanda, os efeitos da sentença projetam-se sobre o patrimônio jurídico do "extromesso", circunstância que preserva o direito das partes que permanecem no litígio.

No Brasil, o aproveitamento da extromissão depende de alteração legislativa. Em tese, e numa ampla exegese do instituto da denunciação, observa-se que quando aceita a denunciação tanto pelo autor originário, como pelo denunciado, em tese a extromissão poderia ser justificada. Entretanto, as dificuldades de sujeitá-lo aos efeitos da sentença de procedência seriam imensas. Daí a imprescindibilidade do esforço legislativo na linha do ordenamento italiano. Permitir-se-ia que o denunciante, tal como o nomeante, fosse excluído da demanda, porém sujeitando-o aos efeitos de sentença futura.

5.6. Da sentença na denunciação da lide

Na linha do art. 76 do Código de Processo, a sentença que julgar procedente a ação declarará, conforme o caso, o direito do evicto, ou a responsabilidade por perdas e danos, valendo como título executivo. De plano, deve ser registrado que a despeito da locução utilizada pelo legislador ("declarará"), a sentença, quando define duas relações de direito material discutidas no bojo do processo, possui eficácia preponderante condenatória, e não declarativa como a dicção está a sugerir. A função da sentença é definir duas relações colocadas sob apreciação, constituindo, conforme o caso, dois títulos executivos: um em favor do autor e contra o réu; outro em prol do denunciante em face do denunciado. Excepcionalmente, como se verá, pode ocorrer que em face de peculiaridades do direito material e da equiparação legal ao litisconsórcio passivo haja a condenação direta do denunciado este frente ao autor.

A regra geral é clara. Se a demanda originária é julgada improcedente, a denunciação é tida como prejudicada. Somente haverá análise do mérito da denunciação, caso a primeira demanda seja favorável ao autor. Entretanto, pode acontecer que, por razões que aqui desimportam, a sentença possua conteúdo anômalo.

Tal pode suceder, por exemplo, quando, embora julgando procedente o pedido do autor na demanda originária, a sentença silencie acerca do mérito da denunciação. Em hipóteses tais, haverá sentença *citra petita*, sendo a decisão passível de cassação. Como se trata de matéria de ordem pública, essa questão pode ser conhecida de ofício.[194] Hipóteses semelhantes ocorrem caso a decisão extrapole os limites do pedido da denunciação (ou da ação proposta), configurando a extra ou ultrapetição. Todas essas ilegalidades podem ser corrigidas pelo próprio magistrado prolator, no julgamento de embargos declaratórios (que terão excepcionalmente efeitos infringentes).[195] Do contrário, cabe a correção pela superior instância, através de apelação. Todos os recursos, em tese, podem ser manejados por qualquer das partes, pois existe interesse em garantir uma sentença capaz de permitir a formação de coisa julgada material idônea, seja para ensejar execução, como aniquilar o vínculo jurídico afirmado no processo.

Em última análise, a discussão acerca de a melhor forma do direito processual lidar com os vícios que surgem a partir da não-correspondência entre demanda e sentença se resolve pela teoria dos capítulos da sentença, que no Brasil recentemente foi alvo de promissora monografia.[196] Com razão, a fim de optimizar a entrega da tutela

---

[194] Nesse sentido: "Apelação. Acidente de trânsito. Denunciação a lide. Sentença citra petita. É nula (citra petita) a sentença que não aprecia a lide regressiva. 1. Embora a litisdenunciação pudesse restar prejudicada uma vez extinta, sem julgamento do mérito, a demanda principal, incumbe ao julgador abordar tal questão, mormente porque discutida, em recurso adesivo, a incidência dos ônus sucumbenciais na lide derivada. 2. Ademais, não se possibilitou, no curso da instrução, manifestação da demandante sobre a preliminar argüida pela seguradora denunciada. Sentença desconstituída de ofício, prejudicado o exame dos recursos interpostos." (AC nº 70004396883, 12ª C.C., TJRS, Rel. Des. Orlando Heemann Júnior, j. 17/04/2003) e "Ação de ressarcimento de danos. Acidente de trânsito. Seguradora-subrogada. Sentença citra petita. Nulidade reconhecida. É nula a sentença que julga somente a ação principal, deixando, no entanto, de dirimir a lide secundária (denunciação da lide), razão por que impõe-se sua desconstituição, para que outra seja proferida com o enfrentamento não somente daquela demanda como também desta. Sentença desconstituída de ofício". (AC 70002353209, 11ª C.C, TJRS, Rel. Des. Voltaire de Lima Moraes, j. 26/06/2002)

[195] Sobre a eventual natureza recursal dos embargos declaratórios, ver CÂNDIDO RANGEL DINAMARCO, Os Embargos de Declaração como Recurso. *In Nova Era do Processo Civil*, 178-194. São Paulo: Malheiros, 2003.

[196] CÂNDIDO RANGEL DINAMARCO. *Capítulos de Sentença*. São Paulo: Malheiros, 2003.

jurisdicional, é conveniente que o operador decomponha a sentença em diversas partes. Essa excansão se dá pelo reconhecimento de capítulos autônomos e relativamente independentes entre si, presentes em cada ato do juiz. Admite-se que cada capítulo do decisório seja uma "unidade elementar autônoma", na medida em que expressa uma deliberação específica distinta dos demais capítulos e que resulta da verificação de pressupostos próprios, diversos dos das demais.[197]

Dessa forma, soa pertinente tratarmos de "nulidades parciais da sentença", entendidas estas como vícios que, após identificados, podem ser isolados e corrigidos, sem jamais prejudicar a validade do restante da decisão. Se a causa de invalidade atinge apenas um ou alguns dos capítulos que se mostram autônomos, logo inexiste razão para que toda a decisão seja anulada, por força da premissa contida no art. 248, CPC, que consagra a máxima "utile per inutile non vitiatur".[198] Repugna à "razoabilidade interpretativa" anular a parcela não-nula pelo simples fato de ela estar contida (e reunida com o nulo) na unidade formal da sentença.[199]

Estabelecidas essas premissas, surge o justo critério para a resolução das decisões extrapolantes: salvaguardar capítulos hígidos e sanar as partes anômalas. No que toca ao vício de ultrapetição, a melhor exegese ordena a conservação dos capítulos não-viciados, extirpando-se o excesso não-pedido. Quando a sentença decide fora do pedido, concedendo bem diverso do demandado, anula-se tudo que for infiel ao pedido, para que outra decisão, apoiada no contraditório, seja proferida. Por fim, quando a sentença se mostra *citra petita*, pela ausência de manifestação estatal requerida, o melhor caminho é facultar ao tribunal julgar definitivamente o feito, desde que o mesmo esteja pronto para julgamento (isto é, tenha sido instruído com as provas fundamentais realizadas sob amplo contraditório).

Como assevera Dinamarco, "não se anulam capítulos perfeitos, só pela falta de um outro capítulo autônomo".[200] Assim, caso o autor apele com base na omissão da sentença quanto a um de seus pedidos, ao tribunal é vedado anular outra parte que se mostra perfeita. A falta

---

[197] CÂNDIDO RANGEL DINAMARCO, Op. cit., p. 34.
[198] É a idéia transmitida por CÂNDIDO RANGEL DINAMARCO, Op. cit., p. 84. Reza o art. 248, CPC: "anulado o ato, reputam-se de nenhum efeito todos os subseqüentes, que dele dependam; todavia, a nulidade de uma parte do ato não prejudicará as outras, que dela sejam independentes."
[199] Idem, p. 86.
[200] Idem, p. 90.

de capítulos indispensáveis não tem o condão de, por si só, anular capítulos íntegros.

Nesse ponto, cumpriria chamar a atenção para a nova redação do § 3º do art. 515, que permite à superior instância adentrar no mérito do processo, mesmo que a decisão atacada tenha sido meramente terminativa.[201] Para que tal seja possível, mister que o processo esteja pronto para julgamento, isto é, que as provas necessárias tenham sido produzidas e que os sujeitos processuais tenham tido a possibilidade efetiva de influenciar o juízo através da exposição de suas teses.

Uma interpretação responsável do dispositivo indica a possibilidade de o Tribunal adotar idêntico comportamento quando analisar sentenças definitivas proferidas pela instância inferior, mas portadoras de vícios formais. Um requisito a ser observado nesses casos seria o requerimento do interessado, com o debate prévio entre as partes (o qual se daria em razões e contra-razões recursais). Tal solução permitiria que, em vez de o Tribunal remeter novamente para o juízo inferior a matéria – e provavelmente recebê-la meses ou anos após para enfim enfrentar o mérito – o processo fosse definido com prontidão, sem qualquer comprometimento das garantias das partes, as quais já participaram da instrução que culminou na sentença viciada. É exatamente o caso da sentença que não avalia a denunciação da lide, após ter julgado procedente a demanda originária. Nessa hipótese, deveria o juízo colegiado sanar seus vícios, em sinal de prestígio ao princípio da economia processual.

Ainda sobre o interesse recursal, vale destacar que o autor, mesmo com a condenação do réu, em certos casos (excepcionais) pode apelar da sentença que julga improcedente o pleito da denunciação, a fim de garantir a futura satisfação de sua pretensão. O Superior Tribunal de Justiça inclusive registra precedente nesse sentido.[202] De igual sorte, caso o processo originário tenha sido extinto sem apreciação do mérito, haverá interesse do denunciado em discutir o mérito de sua relação com o denunciante, livrando-se do risco de vir a responder novamente pelos fatos.

---

[201] Reza o dispositivo: "§ 3º Nos casos de extinção do processo sem julgamento do mérito (art. 267), o Tribunal pode julgar desde logo a lide, se a causa versar questão exclusivamente de direito e estiver em condições de imediato julgamento."

[202] Nessa linha: "Denunciação da lide. Seguradora. Interesse da autora da ação. A autora da ação de indenização tem interesse em ver julgada procedente a denunciação da lide feita pela ré à sua Seguradora, daí a legitimidade dela, autora, para recorrer da sentença que julga improcedente a ação secundária. Recurso conhecido e provido." (Recurso Especial nº 197.741/DF, 4ª Turma, Rel. para acórdão Min. Ruy Rosado de Aguiar Júnior, DJ:19/05/2003, p. 233)

5.7. Honorários advocatícios

A imposição de honorários na demanda de denunciação da lide depende fundamentalmente do comportamento do denunciado. Não tendo dado causa à denunciação, que é privativa do autor ou do réu em demanda pretérita, o denunciado pode assumir basicamente duas atitudes. Ou aceita sua condição, não opondo qualquer resistência ao alegado regresso pretendido pelo denunciante em caso de procedência da demanda anterior, ou opõe resistência à iniciativa daquele.

No primeiro caso, em que o denunciado, simplesmente, adere à defesa do denunciante perante o autor da demanda, sem negar sua responsabilidade na hipótese de ser procedente essa, não se sujeita ao pagamento de honorários ao denunciante, ainda que em caso de êxito desse na demanda principal.[203] Isso se dá em razão da equiparação ao litisconsórcio. Prestigiar solução contrária poderia estimular uma litigiosidade irresponsável, na medida em que os denunciados sempre criariam uma alegação, por mais fantasiosa que fosse, para não reconhecer o direito de regresso postulado.

Contudo, quando o denunciante nega sua qualidade, surge um litígio na demanda secundária, que será definido pelo órgão judicial. Nessas hipóteses, a condenação, quer do denunciado, quer do denunciante, é justificada em vista da causalidade que lhe serve de parâmetro. Demonstrada a existência do vínculo regressivo, cabe a condenação do denunciado frente ao denunciante. Inexistente aquele, deve o denunciante responder em face do denunciado, afinal este com a iniciativa daquele foi obrigado a arcar com despesas (custas, honorários, etc).[204]

---

[203] Assim: "Processo civil. Honorários de advogado. Denunciação da lide. À vista da natureza condicional da denunciação da lide, a respectiva procedência só induz a condenação em honorários de advogado, quando for objeto de resistência; se aderiu, simplesmente, à defesa que o denunciante opôs ao autor da demanda, sem negar sua responsabilidade acaso procedente a ação, o denunciado não está sujeito ao pagamento de honorários de advogado. Recurso especial conhecido e provido". (Recurso Especial 285.723/RS, STJ, 3ª Turma, Rel. para acórdão Min. Ari Pargendler, DJ:08/04/2002, p. 210)

[204] Assim: "Apelação Cível. Seguros. Denunciação da lide. Honorários. Isenção. Descabimento. Principio da causalidade. Apelante que denunciou a lide, de forma descabida e ate mesmo temerária, a subestipulante, parte esta que não era detentora de legitimidade para figurar no pólo passivo da intervenção de terceiro e sobre a qual ela não detinha direito de regresso. Assim agindo, a denunciante fez com que a denunciada viesse a contratar profissional para fins de ofertar defesa, devendo aquela responder pelas custas e honorários do patrono desta, tendo em vista a incidência do princípio da causalidade à espécie. Sucumbência mantida. Apelo improvido". (AC 70003135043, 5ª C.C., TJRS, Rela. Marta Borges Ortiz, j. 21/11/2002)

Ultrapassada essa questão, surge uma segunda de igual importância. Trata-se de apurar em que medida o tratamento dispensado à denunciação fundada em garantia própria deve ser diverso dos casos do mero regresso, afinal, enquanto na primeira a denunciação é de rigor, na segunda apresenta-se como mera faculdade.

Em casos de garantia simples ou imprópria, hipóteses nas quais a denunciação não é obrigatória, a imposição dos honorários na denunciação da lide deve ocorrer em caso de improcedência da demanda originária. Isto porque, não havendo perda do direito de regresso, o interessado, a seu livre arbítrio, cumula a pretensão regressiva pela via da denunciação. Daí que, se improcedente a demanda inicial, deve o denunciante arcar com os honorários do denunciado e as despesas processuais relativas à lide secundária, criada por sua iniciativa.[205]

Situação inversa ocorrerá na hipótese do art. 70, I, no qual a denunciação é rigorosamente obrigatória, na medida em que, seu não-oferecimento acarreta perda do direito discutido. Aqui, em vista dessa imposição legal, soaria injusto imputar a responsabilidade ao denunciante de arcar com o êxito do denunciado, mormente quando improcedente a demanda principal. Daí a melhor exegese no sentido de impor a satisfação dos honorários do patrono do denunciante ao vencido na demanda principal, afinal, nessas hipóteses, não há que se falar em denunciação facultativa, mas sim compulsória, à luz do sistema processual.[206]

---

[205] Nesse sentido: "Denunciação da lide requerida pelo réu. Improcedência da ação. Encargos da sucumbência relativos à ação secundária. Tratando-se de garantia simples ou imprópria, caso em que não obrigatória a denunciação da lide, ao réu-denunciante, uma vez julgado improcedente o pedido deduzido na ação principal, incumbe arcar com o pagamento dos honorários advocatícios devidos ao denunciado e das despesas processuais concernentes à lide secundária. Precedentes do STJ. Recurso especial não conhecido". (RESP 132026/SP, Rel. Min. Barros Monteiro, STJ, 4ª Turma, DJ: 02/10/2000, p. 171) No mesmo sentido, REsps 81.793/SP e 54.444/SP. É a orientação predominante do TJRS, como se vê nos seguintes julgados: AC 70002255263, 12ª C.C, TJRS, Rel. Des. Orlando Heeman Júnior, j. 13/09/01; AC 598511491, 11ª C.C., TJRS, Rel. Des. Voltaire de Lima Moraes, j. 24/05/00; AC 70004777108, 11ª C.C. TJRS, Rel. Dr. Jorge Pereira Gailhard, j. 19.02.2003.

[206] Já decidiu o STJ: "Denunciação da lide. Honorários do patrono do denunciado. Vitória do denunciante na demanda principal. Tratando-se de garantia simples ou imprópria, em que a falta de denunciação da lide não envolve perda do direito de regresso, o denunciante arcará com os honorários do advogado do denunciado. Não assim, entretanto, na hipótese prevista no artigo 70, I do CPC, quando os honorários serão suportados pelo vencido na demanda principal. Tal solução não se modifica pelo fato de o processo ter sido extinto sem julgamento do mérito, pois também nessa hipótese há sucumbência. (RESP 171808/PR, STJ, 3ª Turma, Rel. Eduardo Ribeiro, DJ: 25/09/2000, p. 98). Em idêntico sentido, RESP 131927/PR, STJ, 3ª Turma, Rel. Eduardo Ribeiro, DJ: 29/09/1997, p. 48192.

Também em caso de denunciação da lide pelo autor, a condenação em honorários é de rigor, pois o Código de Processo, em seu art. 78, equipara essa situação à da formação de litisconsórcio ativo, facultando inclusive o aditamento da petição inicial. Logo, aceitando a denunciação, participando ativamente do processo e não se omitindo, o litisdenunciado responderá diretamente frente ao réu da demanda pelos ônus da sucumbência, tudo em razão da equiparação legal ao litisconsórcio.[207]

5.8. O benefício do prazo em dobro em favor do denunciado

Muito se discute acerca do aproveitamento do prazo em dobro por parte do litisdenunciante e do litisdenunciado. Estabelece o art. 191 que "quando os litisconsortes tiverem diferentes procuradores, ser-lhes-ão contados em dobro os prazos para contestar, para recorrer e, de modo geral, para falar nos autos."

O art. 74 refere que "feita a denunciação pelo autor, o denunciado, comparecendo, assumirá a posição de litisconsorte do denunciante e poderá aditar a petição inicial, procedendo-se em seguida à citação do réu." Por fim, o art. 75, I, dispõe que "feita a denunciação pelo réu: I - se o denunciado a aceitar e contestar o pedido, o processo prosseguirá entre o autor, de um lado, e de outro, como litisconsortes, o denunciante e o denunciado".[208]

Já se viu, no item acima, que a denunciação da lide permite a equiparação de seus efeitos aos do litisconsórcio facultativo quando o litisdenunciado decide somar seus esforços aos do denunciante para impedir o reconhecimento do direito alegado pelo autor da demanda originária. Esse é o caso mais comum. Entretanto, também é possível

---

[207] Já decidiu o STJ: "Denunciação da lide feita pelo autor. Custas e honorários advocatícios atribuídos também ao litisdenunciado. Equívoco na qualificação dada à intervenção do denunciado que não o libera dos encargos sucumbenciais. Responde também pelos ônus da sucumbência o litisdenunciado que comparece aos autos e adita a petição inicial, assumindo a posição de litisconsorte do denunciante (art. 74 do CPC). Recurso especial não conhecido". (RESP 115894/DF, STJ, 4ª Turma, Rel. Min. Barros Monteiro, DJ: 25/03/2002, p. 287)

[208] Acerca da concessão de prazos diferenciados, após analisar a diferença entre prerrogativas e privilégios, a professora CRISTIANE ROLLIN lembra a necessária coalizão que deve presidir interesse público e privado. Merece meditação a aplicabilidade de suas observações sobre o tratamento desigualitário dos prazos processuais em relação a alguns casos de denunciação da lide. Passim A Garantia da Igualdade no Processo Civil frente ao Interesse Público.

a formação do "litisconsórcio", dessa vez ativo, quando o autor ao distribuir sua petição inicial simultaneamente denuncia outrem à lide.

Em casos tais, indaga-se se seria possível o aproveitamento do benefício do prazo dobrado previsto no art. 191 do Código de Processo.[209] A resposta passa necessariamente pelo comportamento adotado pelo litisdenunciado. Se este adere à defesa do denunciante, ou formula defesa própria para obstruir o reconhecimento do direito alegado pelo autor, é caso de equiparação ao litisconsórcio, sendo possível a contagem do prazo em dobro.[210] Todavia, caso o denunciado negue sua qualidade, demonstrando inexistência de vínculo jurídico com o denunciante, então há *simultaneus processus* e, portanto, a contagem do prazo é simples, tal como na demanda entre autor e réu-denunciante.

5.9. A condenação direta do denunciado frente ao autor

Há muito se discute a possibilidade de o litisdenunciado ser condenado frente ao autor da demanda originária. De um lado, a doutrina tradicional argumenta que tal seria inviável, afinal inexiste relação de direito material entre essas partes, o que inviabilizaria a condenação direta. No outro oposto, encontram-se aqueles que, sensibilizados com os resultados práticos que esta solução em determinados casos pode ofertar, se mostram favoráveis à tese.

Historicamente, a jurisprudência sempre relutou em admitir essa solução. Já em 1991, quando do julgamento do Recurso Especial nº 6.793/CE, o Superior Tribunal de Justiça bem apresentou seu entendimento. Por sua 4ª Turma, apreciou a pretensão do autor em condenar diretamente o litisdenunciado. Tratava-se de ação de reparação de

---

[209] ATHOS CARNEIRO, citando atual jurisprudência do Superior Tribunal de Justiça informa o posicionamento da Corte: 1) se o litisdenunciado contesta o pedido formulado na ação principal e possui procurador outro que não o do denunciante, o prazo é contado em dobro; 2) Todavia, se o denunciado nega a existência de vínculo jurídico com o denunciante, o prazo é simples. (*Intervenção de Terceiros*, p. 114)

[210] Contudo, mesmo nesta hipótese existem decisões em sentido contrário, como se vê, ilustrativamente, desta ementa: "Prazo. Contagem em dobro. Art. 191, do Código de Processo Civil. Inaplicabilidade aos casos em que apelante o terceiro que atuar como assistente simples (art. 50, do Código de Processo Civil), tal como no caso de litisdenunciado (art. 75, I, do Código de Processo Civil). Contagem do prazo recursal segundo a regra geral (art. 508 do Código de Processo Civil). Intempestividade verificada. Seguimento negado. Recurso improvido". (1º TACSP – AI 1053685-1, Campinas, 7ª C. Rel. Juiz Ariovaldo Santini Teodoro, j. 30.10.2001)

danos, intentada com fundamento em acidente automobilístico. Citado, o demandado denunciou o indigitado proprietário do carro, o qual, por sua vez, permaneceu revel. Em primeiro grau, somente o réu foi condenado frente ao autor, porém, em grau de apelo, o Tribunal de Justiça do Ceará manteve a procedência da ação, todavia contra o litisdenunciado.

Como asseverou em razões de voto, o Min. Barros Monteiro que "tudo indica que a denunciação à lide foi apreciada como se fosse um simples litisconsórcio passivo, entre denunciante e denunciado. A causa restou, portanto, apreciada de modo incompleto. Cabia ao Tribunal verificar por primeiro a responsabilidade do réu-denunciante e, ao depois, caso acolhida a ação, a responsabilidade do denunciado".

A fundamentação preconizada encontra respaldo na doutrina de Sydney Sanches, que didaticamente leciona: "se A propõe ação com pretensão indenizatória perante B e este denuncia a lide a C, o juiz, se julgar procedente a ação principal (de A contra B), deverá julgar, no mesmo ato, a ação incidental de B perante C. Não pode, por exemplo, dizer que B não foi culpado e julgar a ação de A como se tivesse sido proposta perante C. Nem julgar a ação de A como se proposta perante B e C. Muito menos omitir julgamento de qualquer das ações (principal e incidental) sob pena de nulidade".[211]

No caso concreto, então, a condenação direta mostrava-se injustificada, tendo em vista a negligência do autor que não apresentou em sua peça inicial o verdadeiro responsável pelo evento danoso. Dessa forma, como não serve a denunciação para ampliar o raio de legitimidade passiva, inviável seria condenar diretamente o litisdenunciado que sequer regressivamente poderia ser obrigado a indenizar o réu originário. Em outras palavras, não demonstrado o direito de regresso, sequer a litisdenunciação era cabível. Foi o raciocínio do então Min. Athos Carneiro: "ora, para haver denunciação da lide, faz-se absolutamente indispensável a afirmação de uma pretensão regressiva do denunciante contra o denunciado. Mas àquele que diretamente causou o dano, não assiste pretensão regressiva, de reembolso, contra o seu eventual preponente. Se a ação houvesse sido ajuizada, como também possível, contra o proprietário do veículo, talvez por culpa *in eligendo* ou *in vigilando*, este sim é que poderia, em tese, denunciar a lide ao condutor do veículo, porque teria uma pretensão regressiva contra dito

---

[211] *Denunciação da lide no direito processual civil brasileiro*, p. 230.

condutor, se houvesse este causado o acidente por culpa sua. Também possível a propositura de demanda contra ambos, em litisconsórcio passivo. Então, já se vê que o processo vem mal conduzido desde a origem, e por isso chegou-se a esta conclusão, em que o o eg. Tribunal de Justiça do Ceará isentou de responsabilidade o motorista, isto é, exatamente aquele que causou o acidente e contra quem a demanda foi promovida. Nestas condições, não vejo outra solução senão cassar o acórdão, como o fez o eminente relator".

No mesmo ano, apreciando o Recurso Especial nº 7.594/SP, o Min. Barros Monteiro novamente afirmou: "reconhecida a carência em relação aos réus-denunciantes, não se afigura admissível condenar-se diretamente o litisdenunciado, nem mesmo em homenagem ao princípio da economia processual. É que a lide secundária se instaurou, *in casu*, somente entre réu-denunciante e o denunciado. Ela não se confunde com o litígio principal, estabelecido entre o autor e réu-denunciante".[212]

A discussão ganhou atualidade com a decisão proferida no Recurso Especial nº 23.102/RS, que por vez primeira admitiu a condenação direta em face das peculiaridades do processo.[213] Tratava-se de um acidente de trânsito com múltiplas pessoas envolvidas. Citada a primeira, ocorreram sucessivas denunciações. No decorrer da instrução, foi constada a responsabilidade de determinado condutor. Assim, indagava-se se este poderia ser condenado frente ao autor, que não lhe dirigira sua demanda. O Tribunal de Justiça do Rio Grande do Sul havia respondido afirmativamente. As razões de voto do então Des. Mário Armando Bianchi são elucidativas: "certo de que, em caso de denúncia da lide, há duas ações: a primeira do autor contra o réu e a

---

[212] Ementa: "Sub-rogação de direitos e obrigações. Alegação de afronta aos arts. 985 e 986 do Código Civil. Denunciação da lide. Pretendido reconhecimento da relação jurídico-processual entre autor e litisdenunciado. 1. Tendo a decisão recorrida empregado a locução 'sub-rogação' em termos amplos, não chegou a cuidar ela dos temas concernentes à 'sub-rogação legal e convencional' (arts. 985 e 986 do CC), pelo que ausente, no caso, requisito do prequestionamento. Pretensão, ademais, de reexaminar fatos da causa (Súmula n. 07 do STJ). 2. Promovida a denunciação da lide pelo réu, descabe a condenação direta do denunciado em lugar do denunciante. Recurso especial não conhecido". (RESP 7594/SP, STJ, 4ª Turma, Rel. Min. Barros Monteiro, DJ: 16/12/1991, p. 18544)

[213] Ementa: "Processual civil. Denunciação da lide. Condenação direta do litisdenunciado. Contestando a ação o litisdenunciado assume a posição de litisconsorte do denunciante e pode ser diretamente condenado, tanto que reconhecida a sua exclusiva responsabilidade". (RESP 23102/RS, STJ, 4ª Turma, Rel. Min. NILSON NAVES, Rel. para acórdão, Min. DIAS TRINDADE, DJ: 05/04/1993, p. 5837)

segunda do réu contra o denunciado, sendo que esta tem caráter regressivo. Assim, dentro da sistemática processual do denunciado, só poderá ser condenado na ação regressiva, se houver condenação do denunciante na primeira ação. Se não há condenação do denunciante não pode haver a do denunciado. Essa a interpretação ortodoxa da lei. A jurisprudência, entretanto, cada vez em maior freqüência, em casos excepcionais, vem admitindo a condenação direta do denunciado, quando provado que a culpa pelo dado do denunciado e não do denunciante. Isso ocorre, principalmente, em casos análogos ao presente, em que ocorrem múltiplos e sucessivos abalroamentos. A tese de que o causador direto do dano é o responsável pela indenização não pode ser aceita indiscriminadamente. A condenação do causador direto do dano só tem cabimento quando, de alguma forma, concorrer com culpa para o evento. Se provado que o dano ocorreu por culpa exclusiva de terceiro não há porque condenar aquele, para que depois, em ação regressiva, busque o reembolso junto ao evento danoso, com o risco de arcar com todo o prejuízo, se o verdadeiro culpado não tem com quê indenizar. A solução dentro dos restritos termos da lei processual seria julgar-se improcedente a ação e a denunciação, devendo o autor mover outra ação contra o terceiro culpado. Dentro do princípio mais ortodoxo, nula seria a sentença que, ao reconhecer inexistir culpa por parte do réu da ação principal, condena diretamente o denunciado comprovadamente culpado pelo evento danoso. A corrente mais liberal da jurisprudência, entretanto, tem entendido que as nulidades só devem ser proclamadas se verificado prejuízo para qualquer das partes. Entende-se que, no caso, não houve prejuízo para o apelante, já que teve oportunidade de se defender, e o fez amplamente. Então, se o denunciado se defendeu com a mesma amplitude que faria numa ação direta, não se vê razão para anular a sentença. Os formalismos processuais têm por objetivo garantir às partes de que não resultarão prejudicadas. Se a inobservância de determinada formalidade não prejudicou as partes, atingindo a ação seu objetivo, não se vê razão para se proclamar a nulidade do ato processual." E foi essa a argumentação aceita pelo Superior Tribunal de Justiça, nos votos dos Ministros Athos Carneiro, Dias Trindade e Waldemar Zweiter. Vencidos os Ministros Nilson Naves e Cláudio Santos.

Nova tentativa de ofertar maior efetividade ao instituto da denunciação da lide ocorreu no julgamento do Recurso Especial de nº 97.590/RS, em 15.10.96, no qual a vítima de um acidente de trânsito promoveu execução diretamente contra a seguradora, uma vez que a empresa que figurara como réu no processo de conhecimento veio a ser extinta.[214]

O Ministro Ruy Rosado de Aguiar Júnior, no voto condutor, bem expressou sua preocupação "sempre me pareceu que o instituto da denunciação da lide, para servir de instrumento eficaz à melhor prestação jurisdicional, deveria permitir ao juiz proferir sentença favorável ao autor, quando fosse o caso, também e diretamente contra o denunciado, pois afinal ele ocupa a posição de litisconsorte do denunciante. Assim, nas ações em que o réu alega sua ilegitimidade passiva e denuncia a lide ao verdadeiro responsável, como acontece na ação de acidente de trânsito, proposta contra o primitivo proprietário; igualmente, nas ações ordinárias de indenização, com a condenação do réu à reparação dos danos, a procedência da denunciação da lide à seguradora deveria permitir ao credor a execução direta também contra a seguradora, no limite de sua responsabilidade reconhecida".

Com razão, a denunciação da lide deve ser analisada pelo prisma de seu escopo dentro do direito processual, qual seja efetivar direitos e jamais frustrá-los. Caso jamais se permita ao lesado atingir o patrimônio do responsável (seja ele denunciante como denunciado, ou ambos) a função da denunciação estaria comprometida.

No julgado, aparece referência ao Código de Defesa do Consumidor, que, no seu art. 101, faculta à vítima, em ação de responsabilidade civil do fornecedor, chamar o segurador ao processo, e mesmo propor ação contra este, em caso de falência daquele. Esta norma consagraria, na visão do Relator, "a flexibilização do sistema, para permitir eficácia das medidas judiciais instauradas para a reparação dos danos, que ainda nesse caso coube ao CODECON introduzir no sistema. Idéia que deverá ser aproveitada para a interpretação do sistema codificado".

A *ratio decidenti* pode ser resumida na seguinte passagem:

"A execução dessa sentença, diretamente contra a seguradora, estaria permitida pela extinção de fato da sociedade comercial que figurou como ré na ação de indenização, contratante do seguro com

---

[214] Íntegra da ementa: "Denunciação da lide. Seguradora. Execução da sentença. 1. A impossibilidade de ser executada a sentença de procedência da ação de indenização contra a devedora, porque extinta a empresa, permite a execução diretamente contra a seguradora, que figurara no feito como denunciada a lide, onde assumira a posição de litisconsorte. 2. Não causa ofensa ao art. 75, I, CPC, o acórdão que assim decide. Recurso não conhecido". (STJ, 4ª Turma, Rel. Min. Ruy Rosado de Aguiar, DJ: 18/11/1996, p. 44901)

a companhia da recorrente. Esse fato superveniente põe em contraste dois interesses: o do lesado, de obter a reparação dos danos sofridos, se não do autor do dano, pelo menos daquele que assumira a obrigação contratual de dar cobertura a tal situação; de outro, o da companhia seguradora, de somente pagar depois de cumprida a sentença contra o seu segurado, uma vez que no processo apenas figurara como denunciada à lide. Pondero o interesse público que existe na integral reparação dos danos e na efetividade da garantia prestada pelo segurador, para dar prevalência ao primeiro dos interesses acima expostos. A impossibilidade de o credor obter o pagamento da indenização faz com que se transfira ao lesado o direito de cobrar a indenização diretamente da seguradora. O direito desta, de somente pagar ao seu segurado aquilo que desembolsaria na reparação do dano, existe sob o pressuposto de que o segurado teria condições de efetivamente cumprir com a condenação que lhe fora imposta. Evidenciada (como dito nas instâncias ordinárias) a impossibilidade de acontecer esse pagamento, o lesado se subroga no direito que o segurado tinha contra a sua seguradora, e por isso pode desta cobrar o valor reconhecido na sentença, no limite do contratado".

Esse precedente foi alvo de importante análise por Luis Renato Ferreira da Silva. Este doutrinador, entretanto, em vez de fundamentar a decisão na linha do interesse público e da Justiça, tal como feito pelo voto acima analisado, preferiu lançar mão da solidariedade social e da função social do contrato. Assim o professor gaúcho resumiu a situação:

"Na verdade, a fundamentação poderia ser concretizada, hoje, com base na função social do contrato, na medida em que ela acaba por impor a cooperação para que o contrato atinja sua finalidade. O contrato de seguro assume relevância no mundo econômico, pois permite que se garanta a indenização mais ampla dos danos, desempenhando uma função precípua de permitir a reparação e a recomposição dos prejuízos sofridos pelas vítimas de acidentes. Se as seguradoras puderem deixar de cumprir o que se comprometeram por força da suposta ilegitimidade, estar-se-ia a validar um caráter absoluto do efeito relativo, esquecendo-se que o contrato de seguro existe, em certa medida, para que os terceiros não restem sem indenização. Ao mesmo tempo, o seguro permite que o segurado desenvolva certas atividades de risco com mais tranqüilidade, o que estimula atividades produtivas para a sociedade".[215]

Avançando nessa direção, o Superior Tribunal de Justiça, quando do julgamento do Recurso Especial nº 228.840/RS, sufragou a ação direta da vítima em face da seguradora.[216] Capitaneados pelos Ministros Menezes Direito e Eduardo Ribeiro, a Corte considerou irrelevante que o contrato de seguro envolva apenas o segurado, causador do dano, que se nega a usar a cobertura do seguro, dando legitimidade para a vítima demandar diretamente também a Seguradora.[217]

O Ministro Menezes Direito concluiu que "de fato, não parece razoável a interpretação que afasta a ação direta porque não há contrato entre a vítima e a seguradora do causador do dano. Esse argumento perde substância, a meu sentir, pela simples razão de não ser possível desconhecer que o destino do contrato de seguro é, exatamente, cobrir o ressarcimento devido à vítima de ato ilícito, praticado pelo segurado. Se o beneficiário do recurso nega-se a pagar a indenização, deixando de usar a cobertura do seguro, é razoável conferir legitimidade para que a seguradora cumpra o contrato, dando conseqüência ao agravo. Seria impor um retardo à prestação jurisdicional em momento histórico que reconhece o princípio da instrumentalidade do processo. No presente caso, há, ainda, a revelar o fato de a ação ter sido ajuizada não apenas contra a seguradora, mas, também, contra o causador do dano,

---

[215] A função social do contrato no novo Código Civil e sua conexão com a solidariedade social, p. 142. *In A Constituição e o Novo Código Civil*. Org. Ingo Wolfgang Sarlet. Porto Alegre: Do Advogado, 2003.

[216] "Recurso especial. Ação de indenização diretamente proposta contra a seguradora. Legitimidade. 1. Pode a vítima em acidente de veículos propor ação de indenização diretamente, também, contra a seguradora, sendo irrelevante que o contrato envolva, apenas, o segurado, causador do acidente, que se nega a usar a cobertura do seguro. 2. Recurso especial não conhecido". (RESP 228.840/RS, Rel. Min. Ari Pargendler, Rel. para acórdão, Min. Carlos Alberto Menezes Direito, DJ: 04/09/2000, p. 150)

[217] No mesmo sentido: "Seguro facultativo de responsabilidade civil. Prejuízos sofridos por estabelecimento em virtude de queda de aeronave. Ação direta proposta pela vítima contra a seguradora. Admissibilidade em face das peculiaridades da espécie. Ônus da prova. Julgamento "extra petita". Recurso especial descabido. - Acha-se legitimada a vítima a intentar a ação diretamente contra a seguradora em virtude de haver esta já ressarcido parcialmente os danos por ela sofridos em seu estabelecimento comercial, cingindo-se a presente demanda a postular a complementação da indenização. Aplicação, ademais, do princípio da instrumentalidade do processo. - Alegações relativas ao ônus probatório e a julgamento *extra petita* que não foram objeto de análise pela decisão recorrida. Ausência do requisito do prequestionamento. Inocorrência, de todo modo, de ofensa aos arts. 128 e 460 do CPC. Pretensão ainda de revolver matéria probatória (súmula nº 07-STJ). Recurso especial não conhecido". (RESP 154.781/MG, STJ, 4ª Turma, Rel. Min. Barros Monteiro, DJ: 20/03/2000, p. 75)

espancando o argumento de que a ação direta não ensejaria a prova de culpa deste, conquanto, na minha compreensão, a ausência não desqualificaria a legitimidade passiva da seguradora".

O voto é secundado pela doutrina de Caio Mário e Aguiar Dias. O saudoso professor mineiro assinala que "no desenvolvimento do contrato de seguro, a apólice pode cobrir também a responsabilidade contra terceiro. Embora o direito à indenização seja da vítima contra o causador do dano, o segurador do responsável pode ser chamado a repará-lo, se a vítima não o faz. A efetivação da garantia poderá verificar-se mediante o chamamento do segurador à lide, como litisconsorte, quando demandado o causador do dano. Cabe, também, ação direta da vítima contra o segurador responsável, porque se tem este o dever de ressarcir o dano, a vítima estaria desguarnecida na hipótese de um conluio entre aqueles, ou restaria não indenizada se o responsável é insolvente e não procede contra o segurador. Este direito de ação depende de dupla obrigatoriedade: a) do terceiro responsável para a vítima; b) do segurador contra o segurado (Yves Chartier, ob. cit., p. 165). Por outro lado, é de considerar a existência de ampla indenização, senão dentro dos limites do contrato de seguro (Yves Chartier, nn. 619-620)".[218]

Aguiar Dias, de seu turno, argumenta que "assim, entendemos que, ainda que não revigorados em preceito especial, são princípios de ordem pública os que fundamentam a ação direta da vítima contra o segurador. Tanto mais razoável é reconhece-lo quanto se tiver em conta que o seguro em país de fraco incide econômico é a maneira mais viável de garantir a indenização ao prejudicado. E nos parece, por fim, que o procedimento da vítima encontra apoio nos artigos 76 do Código Civil, 3º do Código de Processo Civil, porque não se pode negar o legítimo interesse da vítima e, de sua parte, o nenhum proveito para o segurador, de resistir a este entendimento".[219]

Esse é o entendimento que melhor pondera os diversos interesses dos envolvidos, pois ao mesmo tempo em que admite a preferência da condenação do agente danoso, abre, subsidiariamente, a chance de a vítima alcançar sua satisfação no segurador, caso o patrimônio do demandado não seja capaz de garantir o ressarcimento. Admitir solução contrária ofertaria à empresa segurada uma eximente fática de

---

[218] *Responsabilidade Civil*, p. 329-330. 4. ed. Rio de Janeiro: Forense, 1993.
[219] *Da Responsabilidade Civil*, v. 2, p. 995-996. 8. ed. Rio de Janeiro: Forense, 1987.

responsabilidade não prevista pelas legítimas expectativas do contrato celebrado.

Contudo, a questão encontra-se longe de ser pacífica em doutrina. A pena talentosa de Sérgio Cavalieri Filho, por exemplo, embora reconhecendo os benefícios práticos da teoria acima esposada, assinala que "a vítima nada pode exigir do segurador, porque não tem com ele nenhuma relação jurídica. Não é parte do contrato de seguro, nem é o seu beneficiário. A relação da vítima é com o causador do dano, fundada na responsabilidade extracontratual, ato ilícito (art. 186 do Código Civil), e não no contrato de seguro. Apenas o segurado é que terá ação contra o segurador para ser ressarcido, até o limite do contrato, por aquilo que tiver indenizado à vítima".[220] Para este autor, a ação direta dependeria de norma expressa inexistente no sistema atual do direito privado (para nós, como veremos, essa norma existe – função social do contrato).

Como quer que seja, retornando ao Recurso Especial nº 228.840/RS, em seu voto, o Min. Eduardo Ribeiro asseverou que "não obstante a ausência de texto legal explícito que permita afirmar a viabilidade da ação direta, ganha a força a corrente que admite exija a vítima, da seguradora, o pagamento da indenização, embora com ela não haja contratado. Há forte tendência a não permitir que os danos injustamente sofridos fiquem sem reparação. E no caso, cumpre reconhecer, se o causador do dano for insolvente e a seguradora se recusar a pagar diretamente à vítima, a conseqüência será ficar essa última sem ressarcimento, enriquecendo-se a seguradora que, a final, haveria de arcar com o pagamento. Como observa Aguiar, citando, Isaac Halperin (op. cit. p. 849), a ação direta propicia que a vítima receba ao menos parte do que lhe é devido, o segurado fique exonerado da obrigação, sendo que para isso contratou, e a seguradora pagará aquilo a que se obrigou. O pagamento feito diretamente à vítima apenas evita aquilo que se costuma chamar de 'inútil intermediário'. Cumpre reconhecer que essa a melhor solução e que se encontra coerente com os princípios que informam o ordenamento, embora não se possa apontar específico texto legal que diretamente a ampare. A jurisprudência, entretanto, tem papel criador, desde que exercido com a necessária prudência".

Quiçá, a norma explícita reclamada possa ser encontrada na soma de três artigos. No âmbito processual, a equiparação ao litisconsórcio

---

[220] *Programa de Responsabilidade Civil*, p. 446. 4. ed. São Paulo: Malheiros, 2003.

passivo facultativo pode ensejar as conseqüências formuladas neste julgamento, afinal, em situações especiais, em face das peculiaridades do direito material discutido e eventualmente reconhecido, é de todo conveniente tratar o denunciado tal como se litisconsorte passivo fosse, mormente quando não se opõe à denunciação e adere à defesa do denunciante. Intentando inviabilizar o reconhecimento do direito do autor originário, sua atuação mais parecerá a de litisconsorte, sofrendo, portanto, os efeitos desse instituto (em vista da equiparação legal dos efeitos).

Não se quer dizer, por seguro, que a natureza da relação estabelecida entre denunciado-denunciante possa se encaixar em típico litisconsórcio, muito embora a "afinidade de questões" seja latente, mas sim que os efeitos processuais do fenômeno, ao adaptar-se ao direito material, aproximam-se daqueles.[221] Nesses casos, por que não falar-se em intervenção litisconsorcial do denunciado, em vista de sua responsabilidade subsidiária? Assim, o microssistema processual realizaria o ideal de segurança e efetividade, incorporando a ampliação da legitimação ofertada pelo novel diploma civil.[222]

De outra banda, no plano material, as normas a serem exploradas residem no reconhecimento da função social de determinados contratos e na ordem de boa-fé objetiva (arts. 421 e 422, Código Civil).[223] Ora, o direito obrigacional é o "lado dinâmico da realidade jurídica", tal sua

---

[221] DINAMARCO, maior estudioso do litisconsórcio entre nós, afirma: "como denúncia da lide, ou seja, ato pelo qual o autor ou o réu provoca a integração do terceiro no processo com o objetivo de vinculá-lo ao julgamento da causa inicial, a denunciação da lide coloca-o na condição de assistente do denunciante. Inadequadamente, insinua o Código de Processo Civil uma falsa condição de litisconsorte, o que faz ao proclamar que 'feita a denunciação pelo autor, o denunciado, comparecendo, assumirá a posição de litisconsorte do denunciante' (art. 74) e que, quando feita pelo réu, 'se o denunciado aceitar e contestar o pedido, o processo prosseguirá entre o autor, de um lado, e, de outro, como litisconsortes, o denunciante e o denunciado'. (art. 75, inc. I). É impróprio falar em litisconsórcio, em casos como este, porque a mera denúncia da lide não amplia o objeto do processo e não põe o denunciado na condição de autor ou de réu em relação à demanda pendente. Feita pelo réu, como é mais freqüente (embora possa sê-lo também pelo autor) o terceiro não é colocado como réu também, nem se põe em posição de poder ser condenado em favor do autor inicial do processo. Isso seria ser um verdadeiro litisconsórcio". (*Intervenção de Terceiros*, p. 145. 3. ed. São Paulo: Malheiros, 2002)

[222] Vive em crise a figura do assistente litisconsorcial, que ora perde espaço pelo reconhecimento da intervenção litisconsorcial ulterior ora pelo incremento dos poderes do assistente simples. Sobre o tema, OVÍDIO BAPTISTA possui interessante estudo. Assistência Litisconsorcial. *In Revista Brasileira de Direito Processual*, v. 42, 1984.

[223] Art. 421. A liberdade de contratar será exercida em razão e nos limites da função social do contrato. Art. 422. Os contratantes são obrigados a guardar, assim na conclusão do contrato, como em sua execução, os princípios de probidade e boa-fé.

capacidade de maleabilidade e transformação, prescindindo, no mais das vezes, de alteração legislativa, em face do estilo das cláusulas empregadas nesse ramo jurídico (p. ex. cláusulas gerais e princípios). Daí a exigência de especial atenção do direito processual, sob pena das conquistas da autonomia da vontade jamais encontrarem concretização e utilidade na vida prática.

Sabe-se que a teoria da boa-fé objetiva endereça-se sobretudo aos contraentes, a fim de que esses respeitem as legítimas expectativas que a relação negocial traz aos demais sujeitos. Por isso, assevera Judith Martins-Costa que também serve de "mandamento imposto ao juiz de não permitir que o contrato, como regulação objetiva, dotado de um específico sentido, atinja finalidade oposta ou contrária àquela que, razoavelmente, à vista de seu escopo econômico-social, seria lícito esperar".[224] Portanto, cabe ao órgão judicial ter a realidade na qual se insere o contrato de seguro presente, a fim de analisar se a sua sentença oferecerá a melhor justiça aos litigantes.

A interpretação do contrato – e de suas conseqüências no processo – guia-se por uma análise econômica, partindo do pressuposto de que o mesmo é sempre um instrumento de satisfação e tutela dos interesses humanos. A hermenêutica contratual deve oferecer uma solução que favoreça a racionalização econômica, materializada na valorização do papel específico de cada contrato na sociedade e nas razoáveis expectativas despertadas nos contraentes. Por isso, a prestação jurisdicional dirige-se a tutelar os interesses que o contrato deveria realizar. Nessas balizas, o contrato cumprirá sua função social cada vez que, no plano concreto, permitir que os resultados almejados pelas partes sejam alcançados, inclusive com a eventual valorização de interesses de terceiros.[225]

Dentro dessas diretivas é que o contrato (de seguro, por exemplo) deve ser entendido, ou seja, como um meio hábil a oferecer proteger o segurado, o qual poderá desenvolver suas atividades ciente de que, caso o destino lhe reserve um imprevisto, as conseqüências serão minimizadas pelo contrato celebrado. Todavia, tão importante quanto este aspecto, é a segurança da vítima do evento danoso, a qual somente será efetiva se o dano sofrido for reparado. E tal se dá com a possibilidade

---

[224] *A Boa Fé no Direito Privado*, p. 432. São Paulo: RT, 2000.
[225] Sobre a função social dos contratos, THEODORO JUNIOR. *A Função Social dos Contratos*. Rio de Janeiro: Forense, 2004.

de atenuação do efeito relativo dos contratos, reconhecendo que, em circunstâncias excepcionais, o contrato produza efeitos também perante terceiros. É o caso típico dessa hipótese é o contrato de seguro. Raciocínio em sentido contrário quebraria justamente a função social deste contrato, facultando a uma parte (a seguradora) uma circunstância eximente de responsabilidade civil para além de suas legítimas expectativas quando da celebração do pacto (qual seja, a insolvência do segurado perante a vítima). Tudo isso em desfavor do segurado e, principalmente, da vítima.[226]

Nessa linha, condenações proferidas diretamente contra a seguradora, em favor da vítima, tiveram sua legalidade reconhecida, pois é da essência do contrato de seguro a preservação do direito de terceiros. Exemplificativamente, no julgamento do Recurso Especial nº 290.608/PR, o Min.-Relator Barros Monteiro, cujo voto conduziu o acórdão unânime, após relatar precedentes da Corte, julgou o Recurso da Seguradora que visava a atacar sua condenação direta inadmissível, tendo em vista a superação do dissídio jurisprudencial pela pacificação da jurisprudência.[227] Aplicou-se, ao caso, a Súmula 83.[228]

Como se vê, a função social dos contratos, colorida pelo princípio da boa-fé objetiva, amplia a legitimação processual nas ações decorrentes de responsabilidade negocial. E esta situação implica na revalorização dos remédios processuais, como a denunciação da lide.

Existe terreno fértil para florescer a idéia de vinculação entre denunciado e autor da ação originária, cujos limites processuais parecem restringir-se à norma do art. 75, I, que ordena a equiparação ao litisconsórcio facultativo e ulterior, quando houver o aceite da denun-

---

[226] Em sentido radicalmente inverso, BEDAQUE irá afirmar que a solução aqui preconizada esbarra na "falta de visão adequada do fenômeno". Assevera o professor paulista: "por falta de visão adequada do fenômeno, no plano material, sustenta-se a possibilidade de, em denunciação feita pelo réu, o juiz condenar o denunciado em face do autor originário. Tal não se mostra possível, ante a total inexistência de vínculo jurídico que justifique o reconhecimento da obrigação de um em favor de outro". *Direito e Processo – Influência do direito material sobre o processo*, 2. ed. 2. tiragem. São Paulo: Malheiros, 2001, p. 91.

[227] Ementa: "Responsabilidade Civil. Acidente de trânsito. Seguro. Ação proposta contra o causador do dano denunciação da lide feita à sua seguradora. Condenação desta última. Admissibilidade. Reconhecido o dever de a seguradora denunciada honrar a cobertura do sinistro, é permitido ao julgador proferir decisão condenatória diretamente contra ela. Precedentes do STJ. Recurso Especial não conhecido". (STJ, RESP 290608/PR, 4ª Turma, Rel. Min. Barros Monteiro, DJ: 16/12/2002, p. 341)

[228] Reza a Súmula 83: "Não se conhece do recurso especial pela divergência, quando a orientação do tribunal se firmou no mesmo sentido da decisão recorrida".

ciação. No plano material, a justificativa repousa na incidência dos artigos 421 e 422 do novo Código Civil, que consagram a função social dos contratos e a exigência de boa-fé em sua execução.

Por seguro, não se está a defender a banalização da condenação direta, mas sim o aproveitamento das potencialidades do direito material pelo processo como forma de outorgar maior efetividade às justas expectativas dos litigantes e alcançar a justiça do caso concreto. O paradigma da construção é o contrato de seguro. Nada impedindo, todavia, sua aplicação em outros âmbitos, desde que respeitadas as balizas do sistema.

5.10. Da denunciação da lide no procedimento sumário

Durante muito tempo discutiu-se acerca do cabimento da denunciação da lide no procedimento sumário, tendo em vista que inexiste previsão expressa em tal sentido. Rezava o art. 280, I, do Código de Processo Civil, que no procedimento sumário não seria admissível ação declaratória incidental, nem a intervenção de terceiro, salvo assistência e recurso de terceiro prejudicado. Dessa forma, em geral, a jurisprudência predominante cumpria aquilo a redação dispunha.[229]

Todavia, em parcela minoritária, havia julgados que defendiam, quando cabível a denunciação, a transformação do rito, de sumário para ordinário. Assim, poderia ser aceita a intervenção de terceiros sob a modalidade de denunciação da lide, contanto que esse proceder não comprometesse a agilidade do processo e sua efetividade. Com razão, notava-se que em muitos casos a admissão do denunciado poderia até colaborar com a resolução completa da lide, mormente nos casos das seguradoras (capazes de suportar as indenizações).

Atenta a tal realidade, sobreveio a Lei 10.444/02, que alterou a redação desse dispositivo.[230] Hoje, o mesmo vigora com o seguinte

---

[229] Exemplificativamente: "Procedimento sumário. Responsabilidade civil. Art. 101, II, do Código de Defesa do consumidor e art. 280, I, do Código de Processo Civil. Dissídio. Precedentes da Corte. 1. Tratando-se de procedimento sumário, a intervenção de terceiros é inadmissível, a teor do art. 280, I, do Código de Processo Civil, não incidindo, portanto, a regra do art. 101, II, do Código de Defesa do Consumidor. 2. Recurso especial conhecido, mas a que se nega provimento". (RESP 309696/RJ, 3ª Turma, Rel. Min. Carlos Alberto Menezes Direito, DJ: 13/05/2002, p. 207)

[230] Sobre o espírito das Reformas do Código de Processo, SÁLVIO DE FIGUEIREDO TEIXEIRA, *A nova etapa da reforma processual*. RJ, nº 230/05.

teor: "no procedimento sumário não são admissíveis a ação declaratória incidental e a intervenção de terceiros, salvo a assistência, o recurso de terceiro prejudicado e a intervenção fundada em contrato de seguro."

Dessa forma, hoje já não mais persiste a objeção legal à denunciação da lide no procedimento sumário, desde que a admissão do denunciado não importe em dilação indevida do feito e não comprometa a celeridade e a efetividade. Presente, portanto, o liame jurídico entre réu e terceiro (consubstanciado em contrato de seguro) pode este ser denunciado. Ambos, então, caso alinhem suas defesas em face de interesse comum agrupar-se-ão no pólo passivo.

5.11. Denunciações sucessivas

Um ponto de relativo interesse tocante ao tema da denunciação da lide diz respeito à possibilidade de o denunciado também denunciar um terceiro, instaurando nova relação processual, ora na qualidade de autor (denunciante).

No direito italiano, há previsão legislativa do chamamento de terceiro por parte daquele que é citado pelo réu para ingressar na demanda.[231] O professor Giuseppe Tarzia aduz que:

---

[231] O art. 269 do Codice di Procedura Civile regula minuciosamente o procedimento relativo à intervenção de terceiros: "Chiamata di un terzo in causa. Alla chiamata di un terzo nel processo a norma dell'art. 106, la parte provvede mediante citazione a comparire nell'udienza fissata dal giudice istruttore ai sensi del presente articolo, osservati i termini dell'art. 163 bis. Il convenuto che intenda chiamare un terzo in causa deve, a pena di decadenza, farne dichiarazione nella comparsa di risposta e contestualmente chiedere al giudice istruttore lo spostamento della prima udienza allo scopo di consentire la citazione del terzo nel rispetto dei termini dell'art. 163 bis. Il giudice istruttore, entro cinque giorni dalla richiesta, provvede con un decreto a fissare la data della nuova udienza. Il decreto è comunicato dal cancelliere alle parti costituite La citazione è notificata al terzo a cura del convenuto. Ove, a seguito delle difese svolte dal convenuto nella comparsa di risposta, sia sorto l'interesse dell'attore a chiamare in causa un terzo, l'attore deve, a pena di decadenza, chiederne l'autorizzazione al giudice istruttore nella prima udienza. Il giudice istruttore, se concede l'autorizzazione, fissa una nuova udienza allo scopo di consentire la citazione del terzo nel rispetto dei termini dell'art. 163 bis. La citazione è notificata al terzo a cura dell'attore entro il termine perentorio stabilito dal giudice. La parte che chiama in causa il terzo deve depositare la citazione notificata entro il termine previsto dall'art. 165, e il terzo dove costituirsi a norma dell'art. 166. Nell'ipotesi prevista dal terzo comma, restano ferme per le parti le preclusioni ricollegate alla prima udienza di trattazione, ma il termine eventuale di cui all'ultimo comma dell'art. 183 è fissato dal giudice istruttore nella udienza di comparizione del terzo, e i termini di cui all'art. 184 decorrono con riferimento alla udienza successiva a quella di comparizione del terzo".

"Il legislatore si è invece dato cura di prevedere lipotesi che il chiamato 'intenda chiamara a sua volta in causa un terzo', come ben può avvenire nei rapporti c.d. 'a catena' (ad. es. vendite successive della stessa merce, dal produttore al grossista, al dettagliante, al consumatore). In questo caso il terzo chiamato deve fare la dichiarazione di questa sua volontà a pena di decadenza nella comparsa di risposta ed essere poi autorizzato dal giudice ai sensi del 3º comma dellart. 269' (cfr. sempre lart. 271 C.P.C.). Si rimette in moto, cioè, il procedimento già descritto: richiesta dautorizzazione – fissazione di nuova udienza – citazione notificata dal chiamante al terzo – costituzione del nuovo terzo (verrebbe da dire, del sub-chiamato), nel consueto termine anteriore a questa nuova udienza".[232]

No mesmo sentido, o Código Português, quando, em seu art. 332, 3, dispõe que os chamados podem suscitar sucessivamente o chamamento de terceiros, seus devedores em via de regresso.[233]

De seu turno, o art. 73 do Código Processual Brasileiro refere que para os fins do disposto no artigo 70, o denunciado, por sua vez, "intimará" do litígio o alienante, o proprietário, o possuidor indireto ou o responsável pela indenização e, assim, sucessivamente, observando-se, quanto aos prazos, o disposto no artigo antecedente.

Tendo em vista a dicção do artigo, duas interpretações são possíveis. De um lado, a literal. Por esta, o denunciado pode apenas cientificar o terceiro da existência da ação (através da intimação). Assim agindo, estará simplesmente anunciando que futuramente pretende exercer o direito de regresso que supõe ser titular. Todavia, outra interpretação é possível, aceitando a denunciação sucessiva, observados certos parâmetros.

A melhor solução é admitir a denunciação sucessiva, desde que sua aceitação não acarrete prejuízo para a marcha e para o resultado

---

[232] *Lineamenti del nuovo processo di cognizione*, p. 104. Ristampa con aggiornamento. Milano: Giuffrè, 1996.

[233] Reza o artigo que: "1. O chamado é citado, correndo novamente a seu favor o prazo para contestar e passando a beneficiar do estatuto de assistente, aplicando-se, com as necessárias adaptações, o disposto nos artigos 337.º e seguintes. 2. Não se procede à citação edital, devendo o juiz considerar findo o incidente quando se convença da inviabilidade da citação pessoal do chamado. 3. Os chamados podem suscitar sucessivamente o chamamento de terceiros, seus devedores em via de regresso, nos termos previstos nas disposições antecedentes. 4. A sentença proferida constitui caso julgado quanto ao chamado, nos termos previstos no artigo 341º, relativamente às questões de que dependa o direito de regresso do autor do chamamento, por este invocável em ulterior acção de indemnização."

processual. Nessa linha, denunciações meramente protelatórias, ou que aumentem indevidamente o objeto de conhecimento do juiz, devem ser rechaçadas. Todavia, quando a participação do terceiro mostrar-se importante sob o ponto de vista da boa garantia que é oferecida, e quando essa medida não afetar a tempestividade da tutela jurisdicional, por seguro que é conveniente o ingresso do terceiro, afinal, em muitos casos somente com sua presença é que será possível, na execução futura, atacar patrimônio solvente. Enfim, o tratamento assemelhar-se-ia àquele conferido ao litisconsórcio multitudinário, podendo o juiz limitar as denunciações para não comprometer o resultado útil do processo.

O Superior Tribunal de Justiça, no plano abstrato, já admitiu a denunciação sucessiva, como se vê do Recurso Especial nº 9.876. Neste, embora rechaçada no caso concreto a denunciação sucessiva, foi assentado que o art. 70, III, do Código de Processo deve ensejar uma interpretação ampla que, em certas hipóteses, pode inclusive admitir a denunciação sucessiva.[234] Foi asseverado que "embora admitida exegese ampla ao disposto no artigo 70, III, do CPC, não esta obrigado a magistrado a admitir sucessivas denunciações da lide, devendo indeferi-las (certamente que com resguardo de posterior 'ação direta'), naqueles casos em que possa ocorrer demasiada demora no andamento do feito, com manifesto prejuízo à parte autora".

É a melhor orientação, desde que preservada a efetividade do processo.

---

[234] Ementa: "Denunciação da lide. Artigo 70, III, do Código de Processo Civil. Denunciações sucessivas, possibilidade de indeferi-las. Ação indenizatória, promovida por paciente contra estabelecimento hospitalar, com posterior intervenção do banco de sangue, que denunciou a lide aos laboratórios encarregados da análise do sangue utilizada em transfusões. Embora admitida exegese ampla ao disposto no artigo 70, III, do CPC, não está obrigado o magistrado a admitir sucessivas denunciações da lide, devendo indeferi-las (certamente que com resguardo de posterior 'ação direta'), naqueles casos em que possa ocorrer demasiada demora no andamento do feito, com manifesto prejuízo à parte autora. Recurso especial não conhecido". (4ª Turma, Rel. Min. Athos Carneiro, RSTJ, v. 24, p. 466)

6. Do chamamento ao processo

6.1. Conceito

O chamamento ao processo é uma forma de intervenção de terceiros, através da qual o demandado tem a faculdade de citar pessoa alheia (co-devedora solidária da dívida argüida pelo autor) para integrar o pólo passivo da demanda.[235] O chamamento ao processo objetiva inserir na demanda um novo participante, para se postar no pólo passivo, tendo em vista a relação de direito material afirmada pelo autor apresentar um vínculo de solidariedade entre demandado originário e chamado. Com isso, ocorre a formação de um litisconsórcio passivo facultativo simples ulterior. Passivo, na medida em que a pluralidade subjetiva de partes com interesses afins ocorrerá no pólo defensivo da demanda. Facultativo, pois o oferecimento da demanda originária contra apenas um dos co-obrigados não apresenta qualquer vício, cabendo ao réu, e tão-somente a este, decidir se opta ou não por chamar seus co-devedores. Simples, porque a decisão que acerta as relações afirmadas pelas partes não é necessariamente idêntica para todos, visto que em tese há possibilidade de ser reconhecida inexistência de dívida comum. E ulterior, em relação ao momento de sua formação, ou seja, após a propositura da demanda.

---

[235] É inviável o chamamento por parte do autor: "Agravo de instrumento. Chamamento ao Processo (art. 77 do CPC) que pretende o autor, em face de defesa ofertada em contestação pelos réus, em ação cominatória que visa obter escritura de imóvel por parte dos agravados/réus. Intervenção de terceiros privativa da parte passiva e não do autor, na forma do art. 78 do CPC, eis que tal chamamento visa verdadeira ação condenatória de futuro e condicional de ressarcimento de danos decorrente do resultado da demanda principal. Agravo interno improvido". (Agravo nº 70003434289, 19ª C.C., TJRS, Rel. Des. Luís Augusto Coelho Braga, j. 29/10/2002)

O escopo do instituto, portanto, é a formação de título executivo judicial em prol do devedor solidário que satisfaz dívida comum e em desfavor dos demais. Por isso, afirmamos tratar-se de uma providência acautelatória privativa do demandado.

Seu manejo é facultativo, pois caso o réu não o faça, terá o direito de, após pagar ao credor a dívida comum, em ação própria, exigir o reembolso proporcional dos coobrigados. Perderá, nessa hipótese, apenas a vantagem processual decorrente do art. 80 do CPC, ficando sujeito, na ação regressiva posteriormente ajuizada, a que lhe sejam opostas objeções que, no plano do direito material, poderia o coobrigado apresentar contra o credor.[236]

Cândido Dinamarco define o instituto como: "o ato com que o réu pede a integração de terceiro ao processo para que, no caso de ser julgada procedente a demanda inicial, do autor, também aquele seja condenado e a sentença valha como título executivo em face dele. Quando citado, o chamado torna-se parte no processo, na condição de litisconsorte passivo; e a condenação que lhe for imposta permitirá que sobre seu patrimônio o chamador possa realizar a execução forçada, no todo ou em parte conforme o caso (arts. 80, 584, inc. I e 568, inc. I). O litisconsórcio que se forma entre o chamador e o chamado é comum, não unitário, sendo em tese teoricamente concebível que a sentença dê afinal tratamentos diferentes a esses litisconsortes".[237]

Uma vez deferido o chamamento, tem-se que o chamado, ao integrar o pólo passivo da lide, adquire a qualidade de parte, tornando-se litisconsorte do chamante. Já não se tratará de terceiro, senão de verdadeira parte demandada, com os poderes e ônus que lhe são próprios. Aqui reside uma das vantagens do chamamento, tendo em vista que o chamado poderá indiretamente auxiliar o chamante, apresentando defesa de mérito e mesmo indireta. Pode ocorrer, portanto, que o chamado consiga demonstrar a prescrição da dívida comum, ou ainda sua inexigibilidade, hipóteses nas quais haverá benefício aos co-obrigados.[238]

---

[236] Reza o art. 80 que "a sentença, que julgar procedente a ação, condenando os devedores, valerá como título executivo, em favor do que satisfizer a dívida, para exigi-la, por inteiro, do devedor principal, ou de cada um dos co-devedores a sua quota, na proporção que lhes tocar".

[237] *Instituições de Direito Processual Civil*, v. 2, p. 412.

[238] Vale a regra geral prevista no art. 48, pela qual salvo disposição em contrário, os litisconsortes serão considerados, em suas relações com a parte adversa, como litigantes distintos; os atos e as omissões de um não prejudicarão nem beneficiarão os outros.

Com o chamamento, os limites subjetivos da coisa julgada são ampliados, afinal, o ingresso de outras partes na demanda faculta que a sentença adquira plena autoridade sobre as esferas jurídicas desses novos litigantes, os quais ingressam no processo em seu liminar. Também o objeto de cognição do juízo pode ser sensivelmente alargado, a partir da nova matéria fática apresentada pelo chamado. O episódio da vida segue sendo o mesmo (isto é, a relação de direito material que brota da dívida comum), entretanto, parcela de suas particularidades são realçadas pela atividade do chamante.

Em caso de procedência da demanda originária, e da configuração dos pressupostos do chamamento, a sentença proferida terá forte carga condenatória. Primeiro, haverá condenação dos litisconsortes para adimplir a obrigação comum. Todavia, se uma das partes a satisfaz, garante o direito de regresso frente aos demais.

Esta espécie de intervenção, teve origem no ordenamento pátrio com o advento do Código de Processo Civil de 1973, tendo sido influenciado pelo "chamamento à demanda" de antigo Código português. No diploma lusitano, a figura hoje vem regulada no art. 329.[239] A solução portuguesa é interessante quando admite a intervenção passiva solicitada pelo réu com algumas especialidades. Exemplificativamente, se o "chamado" apenas impugnar a solidariedade da dívida e a pretensão do autor puder de imediato ser julgada procedente, é o primitivo réu logo condenado no pedido no despacho saneador, prosseguindo a causa entre autor do chamamento e chamado, circunscrita à questão do direito de regresso.

No plano abstrato, afirma-se que o chamamento ao processo privilegia a economia processual, ao evitar o ajuizamento de várias ações sucessivas entre os participantes da relação de crédito (co-obrigados) para regrar definitivamente um mesmo episódio da vida. Ademais, o demandado traz novos réus para o processo. Estes, como dito, podem

---

[239] Art. 329º (Especialidades da intervenção passiva suscitada pelo réu) "1. O chamamento de condevedores ou do principal devedor, suscitado pelo réu que nisso mostre interesse atendível, é deduzido obrigatoriamente na contestação ou, não pretendendo o réu contestar, no prazo em que esta deveria ser apresentada. 2. Tratando-se de obrigação solidária e sendo a prestação exigida na totalidade a um dos condevedores, pode o chamamento ter ainda como fim a condenação na satisfação do direito de regresso que lhe possa vir a assistir. 3. Na situação prevista no número anterior, se apenas for impugnada a solidariedade da dívida e a pretensão do autor puder de imediato ser julgada procedente, é o primitivo réu logo condenado no pedido no despacho saneador, prosseguindo a causa entre autor do chamamento e chamado, circunscrita à questão do direito de regresso".

inclusive ajudá-lo na defesa. Mesmo que o requerido satisfaça a totalidade do débito, ficará em melhores condições para exercer o direito de regresso contra os co-devedores. O instituto do chamamento ao processo traz, também, vantagem para o credor, visto que há uma ampliação do pólo passivo e, condenados todos os réus, poderá executar qualquer deles, e não apenas o réu primitivo.

Entretanto, percebe-se que a referida intervenção de terceiro tem a desvantagem de procrastinar a prestação jurisdicional, eis que o seu deferimento implica a suspensão do feito, que pode ocorrer mais de uma vez, em face de sucessivos chamamentos. Novamente, surge o aparente conflito entre segurança e efetividade. O tratamento a ser dispensado aqui em tudo deve se assemelhar ao do litisconsórcio multidudinário. Assim, se o órgão judicial entender que o chamamento pode comprometer seriamente a efetividade da prestação judicial, deverá indeferi-lo. Embora o instituto tenha como missão precípua melhorar a situação do demandado no processo, não se justifica a agressão a expectativas legítimas do autor (tutela jurisdicional em tempo hábil de utilidade). Essa visão globalizada do fenômeno se impõe, sob pena de cairmos nos vícios metodológicos do processo civil "do autor" ou do "senhor réu".

Mais grave ainda é a conseqüência que o chamamento implica no plano material, quando simplesmente desnatura as obrigações solidárias. Em razão da importância do tema, analisaremos um tópico específico.

6.2. A crise das obrigações solidárias

O Código Civil dedica um capítulo, dentro do livro de direito obrigacional, às relações creditícias solidárias. Segundo expressa dicção legal, há solidariedade, quando na mesma obrigação concorre mais de um credor, ou mais de um devedor, cada um com direito, ou obrigado, à dívida toda (art. 264, CCB).[240] A solidariedade passiva foi instituída em favor do credor, que pode escolher contra quem deman-

---

[240] A matéria no Código de 1916 vinha regulada a partir do art. 896: "A solidariedade não se presume; resulta da lei ou da vontade das partes. Parágrafo único. Há solidariedade quando na mesma obrigação concorre mais de um credor, ou mais de um devedor, cada um com direito, ou obrigado à dívida toda".

dar, sem com isso renunciar ao direito de acionar os demais. Isso porque, na linha do art. 275 do Código Civil, o credor tem direito a exigir e receber de um ou de alguns dos devedores, parcial ou totalmente, a dívida comum; se o pagamento tiver sido parcial, todos os demais devedores continuam obrigados solidariamente pelo resto. O parágrafo único do dispositivo é enfático no sentido de que não importará renúncia da solidariedade a propositura de ação pelo credor contra um ou alguns dos devedores.

Caio Mário anota, em linhas gerais, as características básicas da obrigação solidária:

"Nela podemos salientar os pontos fundamentais que a análise indica. Em primeiro lugar, a pluralidade subjetiva: se há um só devedor e um só credor, a obrigação é singular, e simples, na sua estrutura e nos seus efeitos, pois que o sujeito passivo deve a prestação por inteiro ao sujeito ativo. Para que se possa vislumbrar a solidariedade é mister que haja a concorrência de mais de um credor, ou de mais um devedor, ou de vários credores e vários devedores simultaneamente. Em segundo lugar, aponta-se a unidade objetiva: se cada um dos devedores estiver obrigado a uma prestação autônoma ou a uma fração da *res debita*, ou vice versa, se cada um dos credores tiver direito a uma cota-parte do fracionamento do objeto. Pluralidade subjetiva e unidade objetiva: é da essência da solidariedade que numa obrigação em que concorram vários sujeitos ativos ou vários sujeitos passivos haja unidade de prestação, Isto é, cada um dos credores tem o poder de receber a dívida inteira e cada um dos devedores tem a obrigação de solvê-la integralmente".[241]

As obrigações solidárias apresentam determinadas particularidades, dentre as quais a impossibilidade de serem presumidas. Devem resultar da lei, ou da vontade das partes, nesta hipótese materializada em contrato.[242] Do contrário, não vinculam os sujeitos, obstruindo a via do chamanento.[243]

---

[241] *In Instituições de Direito Civil*, v. II, p. 58. 5. ed. Rio de Janeiro: Saraiva, 1996.

[242] Nesse sentido, o art. 265 do Código Civil, que afirma "a solidariedade não se presume; resulta da lei ou da vontade das partes".

[243] Assim: "Agravo interno. Agravo de instrumento com negativa de seguimento por manifesta improcedência. Responsabilidade civil em acidente de trânsito. Ação de indenização. Indeferimento de chamamento ao processo. Inteligência do art. 77 do Código de Processo Civil. Com efeito, no caso vertente não se tem nenhuma relação de direito material preestabelecida a propiciar o reconhecimento da solidariedade, a qual, sabe-se, não se presume, resultando da

Não há dúvidas de que uma aparente tensão possa surgir quando tratarmos de valorizar os interesses, do credor e devedor, decorrentes do contrato de fiança (com renúncia à cláusula à ordem) ou de qualquer outra obrigação que traga em si a solidariedade entre partes. Isso porque o contrato em si, no plano material, surge como um benefício não ao afiançado ou ao fiador, mas sim ao credor da obrigação principal. Tanto isso é verdade que, consoante art. 820 do Código Civil, "pode-se estipular a fiança, ainda que sem consentimento do devedor ou contra a sua vontade". Por isso, inegável que a fiança se constitui em uma garantia especial das obrigações, criando uma nova relação obrigacional entre fiador e credor, ficando o primeiro pessoalmente vinculado ao segundo.[244]

Já o chamamento ao processo trilha caminho radicalmente inverso. Tal se dá em razão do instituto ter sido concebido primordialmente para proteger o réu (co-obrigado) quando citado a fim de satisfazer débito de comum ou de outrem. Nessa hipótese, o Código de Processo, permitir-lhe-á chamar todos os demais fiadores (caso do inciso II do art. 77) ou o devedor principal (seu afiançado, na hipótese do inciso I, do art. 77). Como o manejo do chamamento é privativo do réu, alerta-se para o fato de que este possa constranger o autor a litigar contra quem não deseja, como, por exemplo, o co-fiador que presume estar inadimplente ou um amigo.

Caso aplicado à risca o benefício do chamamento, toda a garantia abstratamente prevista na solidariedade estabelecida no plano material corre o sério risco de sucumbir, pois ao invés de o credor poder livremente escolher em face de quem deseja litigar (tome-se por exemplo a hipótese de renúncia do benefício da ordem),[245] deverá aceitar o ingresso de todos co-obrigados na relação processual. O resultado poderá lhe ser desfavorável, seja em razão do dispêndio de tempo, seja

---

vontade da lei ou das partes. O art. 77, III do CPC, exige a solidariedade entre os devedores, o que inocorre no presente caso. A ação tem por objeto a indenização de danos oriundos de acidente de trânsito. Assim, não havendo vínculo obrigacional entre as partes, torna-se impossível na espécie, a caracterização do 'chamamento ao processo', como requerido pela parte, não havendo incidência de nenhum dos incisos do art. 77 do Código de Processo Civil. Recurso improvido." (Agravo Interno nº 70004844957, 2ª Câmara Especial Cível, TJRS, Rel. Ney Wiedemann Neto, j. 25/09/2002)

[244] É por isso que a jurisprudência é unânime em reconhecer "interesse jurídico" ao fiador para assistir o afiançado em demandas sobre a dívida.

[245] Art. 828, CCB: "Não aproveita este benefício ao fiador: I - se ele o renunciou expressamente; II - se se obrigou como principal pagador, ou devedor solidário; III - se o devedor for insolvente, ou falido".

pela ampliação das defesas dos litisconsortes. Por isso, falamos em crise da obrigação solidária.

Uma sugestão, então, seria exigir a concordância do autor para que o chamamento fosse manejado ou que pelo menos o montante fosse depositado em juízo. Somente assim as obrigações solidárias abstratamente previstas no ordenamento civil encontrariam eficaz meio de tutela jurisdicional. O processo, nessa hipótese, melhor atenderia aos anseios do direito substancial. Contudo, essa não é, ainda, a orientação do Código de Processo.

6.3. Pressupostos do chamamento ao processo

São dois os pressupostos para a admissão do chamamento ao processo no direito brasileiro. O primeiro requisito é a presença, na lide, de relação de direito material que estabeleça, perante o autor, obrigação solidária entre o réu e o terceiro que venha a ser chamado. O vínculo, portanto, que se estabelece no plano jurídico envolve autor, chamado e chamante. A segunda condição é que o pagamento da dívida pelo réu original dê-lhe direito de reembolso, total ou parcial contra o chamado. Aqui reside um importante critério para aferir a utilidade do provimento jurisdicional, o qual, na teoria das condições da ação, atende pela rubrica de "interesse em agir". Assim, o fiador pode chamar o afiançado, mas o contrário não é possível, pois o afiançado não possui qualquer direito de reembolso perante o fiador. Inexistindo este, carecerá a medida de interesse jurídico.

6.4. Hipóteses de cabimento (art. 77 do CPC)

O chamamento ao processo é medida excepcional que beneficia o demandado em processo ordinário de conhecimento, sendo inadmissível na execução, cautela e procedimentos especiais, como o monitório.[246] Mais especificamente, sua utilidade limita-se a demandas com forte carga de eficácia condenatória. Não é cabível, por expressa dis-

---

[246] DINAMARCO, Cândido Rangel. *Intervenção de Terceiros*. São Paulo: Malheiros, 1997, p. 159.

posição legal, nos Juizados Especiais Cíveis (art. 10 da Lei 9.099/95), nem no procedimento sumário (art. 280, I, do CPC).

Ademais de inexistir propriamente sentença em processo executivo, salvo no caso da demanda cognitiva de embargos, devido à sua índole satisfativa, o processo de execução não é o ideal para se admitir o chamamento, dado que a finalidade daquele não é a prolação de sentença para constituir título executivo, mas apenas a realização do crédito do exeqüente. Esse é, aliás, o magistério de Araken de Assis, que expressa a exclusão das formas de intervenção de terceiros, típicas do processo de conhecimento, do processo de execução, à exceção da assistência.[247] A jurisprudência firma-se na mesma linha.[248] Com efeito, se já existe um título executivo apto a instrumentalizar a execução, qual a razão do chamamento que não a procrastinação?

Instado a se manifestar acerca do cabimento do chamamento ao processo em demanda monitória, o Superior Tribunal de Justiça, por sua 4ª Turma, entendeu inviável tal pretensão. Através da interpretação analógica do art. 280, CPC,[249] que regula a intervenção de terceiros em

---

[247] ASSIS, Araken de. *Manual do Processo de Execução*, p. 234. 6. ed. São Paulo: RT, 2000. Assevera o professor gaúcho que "excluem-se, em razão da índole satisfativa da demanda executória, as formas intervencionais típicas do processo de conhecimento. Não comporta a execução, a par dos atos executivos, operando no mundo físico, a simultânea resolução de lide trazida por uma das partes. É bem o caso, p. ex., da denunciação da lide, que constitui ação regressiva, *in simultâneos processus*, pela qual o autor ou o réu veiculam pretensão de reembolso contra terceiros, se algum deles sucumbir na ação principal, criando título executivo (art. 76). E também o do chamamento ao processo, pelo qual o réu amplia o pólo passivo da demanda, fazendo todos suportarem a condenação (art. 86). Em última análise, portanto, os dois institutos visam a criação de título executivo. Ora, no bojo da relação processual executiva, semelhante escopo se afigura impertinente e esdrúxulo, pois o título antecede e baseia a execução. Por isso, a natureza dessas modalidades de intervenção de terceiros desautoriza, nada obstante o silêncio do Código, sua admissibilidade na execução. Admite-se apenas a assistência."

[248] Exemplificativamente: "Execução. Chamamento ao processo. Intervenção cabível somente no processo de conhecimento, considerando que visa a formação de litisconsórcio ulterior e formação de título executivo (art. 77, 78 e 80 do Código de Processo Civil). Agravo interno desacolhido." (Agravo nº 70001613538, 16ª CC, TJRS, Rel. Desa. Genacéia da Silva Alberton, j. 29/11/2000); Ainda: "Locação. Embargos à execução. Benefício de ordem. Chamamento ao processo. Excesso de penhora. Existente responsabilidade solidária com o locatário, não está obrigado o credor a acionar primeiramente o inquilino, podendo ser proposta a ação tão-somente contra o fiador. Conseqüentemente não cabe a invocação do benefício de ordem, máxime quando há cláusula de renúncia nesse sentido (art. 1.492, I e II, CCB). Descabe o chamamento ao processo na ação de execução, pois somente compatível com o processo de conhecimento, consoante interpretação do art. 80, CPC. Recurso improvido". (AC 70001957265, 15ª C.C., TJRS, Rel. Des. Manuel José Martinez Lucas, j. 28/03/2001)

[249] Reza o art. 280 que "No procedimento sumário não são admissíveis a ação declaratória incidental e a intervenção de terceiros, salvo a assistência, o recurso de terceiro prejudicado e a intervenção fundada em contrato de seguro".

procedimento sumário, conclui-se que "com mais razão, deve ser afastada da ação monitória, a qual tende à formação de título executivo contra o demandado e somente admite a defesa pelos embargos. Se no procedimento que se quer célere for admitido o chamamento de terceiros, apenas para beneficiar a posição do réu e definir a sua relação com outros, estará frustrada no nascedouro a tentativa de simplificação do processo".[250]

6.4.1. Chamamento do devedor principal em contrato de fiança

A primeira hipótese de chamamento ao processo, positivada no art. 77, I, do Código de Processo Civil, diz respeito à possibilidade do fiador, quando acionado pelo credor, chamar o devedor principal.[251] Na linha do art. 818 do Código Civil, pelo contrato de fiança, uma pessoa garante satisfazer ao credor uma obrigação assumida pelo devedor, caso este não a cumpra.

Em razão das particularidades do contrato de fiança, que devem ser respeitadas pelo direito processual, algumas observações devem ser traçadas. Ao contrário do aval, a responsabilidade decorrente da fiança por regra é sucessiva, tendo em vista que os bens do fiador somente são alcançados em caso de insolvência do devedor principal.[252]

---

[250] Trecho do voto do Min. Ruy Rosado de Aguiar Júnior no Recurso Especial nº 337.683-ES, publicado no DJ: 10/03/2003, p. 226. Ementa: "Monitória. Chamamento ao processo. Não cabe o chamamento ao processo na ação monitória, a requerimento do réu que não embargou. Recurso não conhecido." O Tribunal de Justiça do Rio Grande do Sul posicionou-se em idêntico sentido, como se vê do seguinte trecho de ementa: "Ação monitória para entrega de bem móvel. Compra e venda de veículo. Agiotagem. Ônus probatório. Preliminar. Cerceamento na produção de provas. Prejudicada. Chamamento ao processo. Descabimento. A intervenção de terceiros não se compatibiliza com a ação monitória em razão de sua natureza, considerando-se, ainda, o princípio da celeridade processual". (AC 70003668076, 14ª CC, Rel. Des. João Armando Bezerra Campos, j. em 28/11/2002)

[251] Assim: "Locação. Ação de cobrança ajuizada contra os fiadores. Intervenção de terceiros. Chamamento ao processo. Locatária. Tendo em vista o caráter condenatório da ação de cobrança e considerando que somente os réus podem chamar ao processo o devedor principal, os co-fiadores ou os demais devedores, aplica-se o inciso I do art. 77 do CPC, permitindo-se o chamamento da locatária. Exibição de documentos. Tendo em vista que eventuais recibos não seriam documentos pertinentes aos réus, mas sim, a devedora principal, fere a garantia da ampla defesa exigir dos fiadores documentos que não lhes pertencem. Todavia, qualquer procedimento quanto à prova merecerá ser reexaminado após a regular citação da empresa locatária chamada. Prescrição. Intentada a ação de cobrança pelos locadores contra os fiadores, a prescrição é vintenária, forte no art. 177 do Código Civil, não se aplicando ao caso concreto o art. 178, especificamente o § 7º, II, do Código Civil, por tratar de valor superior ao previsto em lei. Agravo retido parcialmente provido. Exame da apelação prejudicada". (AC nº 70001018092, 16ª C.C., TJRS, Rel. Genacéia da Silva Alberton, j. 16/05/2001)

[252] Art. 827. "O fiador demandado pelo pagamento da dívida tem direito a exigir, até a contestação da lide, que sejam primeiro executados os bens do devedor".

A realidade, contudo, indica uma tendência clara no sentido do devedor abrir mão dos benefícios que a cláusula à ordem poderia lhe ofertar. Daí o art. 828 do Código Civil, aduzir que não aproveita esse benefício ao fiador: I - se ele o renunciou expressamente; II - se se obrigou como principal pagador, ou devedor solidário; ou III - se o devedor for insolvente, ou falido. Nessas hipóteses, portanto, os efeitos equiparam-se aos de uma obrigação solidária, facultando o chamamento.

Por regra, o fiador responde exatamente pela obrigação contraída pelo afiançado, entretanto, nada impede que cada fiador fixe no contrato apenas uma parte da dívida que toma sob sua responsabilidade. Disso decorre que "a fiança pode ser de valor inferior ao da obrigação principal e contraída em condições menos onerosas, e, quando exceder o valor da dívida, ou for mais onerosa que ela, não valerá senão até ao limite da obrigação afiançada".[253]

É interessante notar a correspondência e a sintonia entre o Código de Processo Civil e o diploma material nesse tópico. Diz o art. 827 do segundo que "o fiador demandado pelo pagamento da dívida tem direito a exigir, até a contestação da lide, que sejam primeiro executados os bens do devedor". A instrumentalização desse benefício dá-se com o chamamento ao processo, o qual deve ser manejado justamente até a contestação. Assim, o requerido pode chamar seu afiançado ao processo, garantindo a vantagem processual do art. 80 do CPC, fazendo valer seu benefício de ordem previsto no art. 827, *caput*, do Código Civil.

Aqui, neste inciso, convém anotar um conselho da doutrina. Foi referido que em processo de execução descabe o chamamento de terceiro ao processo, oportunidade na qual, em rodapé, foi acostada jurisprudência. Todavia, Athos Gusmão Carneiro admite que o fiador, em não tendo se obrigado como principal pagador, use o chamamento para, quando da execução, nomear à penhora bens livres e desembaraçados do devedor, com fulcro no art. 595 do CPC, instrumentalizando o benefício de ordem na fase de execução.[254] Tratar-se-ia de uma exceção à regra geral pela qual em processo de execução descabe esse tipo de intervenção.[255]

---

[253] Redação do art. 823, CCB.

[254] CARNEIRO, Op. cit., p. 125.

[255] Todavia, como salientado, a aceitação jurisprudencial desta construção é difícil: "Chamamento ao processo. Execução. Pretensão pelo fiador ao afiançado ou demais fiadores. Inadmissibilidade. Descabe o chamamento ao processo, previsto no artigo 77 do Código de Processo Civil, na ação de execução por aluguéis e encargos ainda que os chamados sejam os co-fiadores ou o locatário". (2º TACSP, AC 592.636-00/8, 2ª CC, Rel. Juiz Norival Oliva, DOESP 04.05.2001)

Nessa linha, de acordo com o art. 827 do Código Civil, sempre que o fiador alegar o benefício de ordem deve nomear bens do devedor sitos no mesmo município, quantos bastem para solver o débito. Para dar eficácia social a esse dispositivo, seria conveniente exigir que o chamante obedecesse a esse requisito, tanto no conhecimento como na execução. Assim, o interesse do credor estaria garantido no plano material, e, no mundo processual, poderia o magistrado melhor direcionar a condenação.

6.4.2. Chamamento do co-fiador

Na hipótese elencada no inciso II, do art. 77 do Código de Processo Civil ocorre a prestação de fiança por duas ou mais pessoas, em regime de solidariedade, relativamente a um mesmo débito, consoante dispõe o art. 829, *caput*, do Código Civil ("A fiança conjuntamente prestada a um só débito por mais de uma pessoa importa o compromisso de solidariedade entre elas, se declaradamente não se reservarem o benefício de divisão"). Observa-se que existe previsão legal no sentido de que os co-fiadores podem livremente disciplinar qual o montante de sua garantia. Mas não o fazendo no contrato, respondem solidariamente.

Assim, caso o credor exerça seu direito de ação apenas contra um dos co-fiadores, este poderá chamar os demais devedores solidários, sem prejuízo, por óbvio, da possibilidade de chamar o devedor principal. O co-fiador que efetuar o pagamento integral da dívida, consoante previsão do art. 831, *caput* do Código Civil, sub-roga-se nos direitos do credor, só podendo, entretanto, demandar de cada um dos co-fiadores pela respectiva quota.[256] Aliás, o rateio das quotas é uma das conseqüências da satisfação de dívida solidária prevista no Código.[257] E essa divisão de quotas deve dar-se no bojo da sentença da própria relação processual, de modo que eventual omissão deve ser sanada pela via dos embargos declaratórios.

---

[256] Art. 831, CCB: "O fiador que pagar integralmente a dívida fica sub-rogado nos direitos do credor; mas só poderá demandar a cada um dos outros fiadores pela respectiva quota".
[257] Art. 283, CCB: "O devedor que satisfez a dívida por inteiro tem direito a exigir de cada um dos co-devedores a sua quota, dividindo-se igualmente por todos a do insolvente, se o houver, presumindo-se iguais, no débito, as partes de todos os co-devedores".

6.4.3. Chamamento do devedor solidário

Como dito, a solidariedade passiva foi instituída em favor do credor, o qual conta com a faculdade de eleger contra quem demandar, sem com isso renunciar ao direito de acionar os demais. A aplicação do inciso III, do art. 77 do CPC traz como pressuposto a existência de dívida em comum e solidária.[258] Configurada esta, poderia o demandado chamar todos os demais coobrigados para reunirem-se no pólo passivo.

Como dito, embora o instituto da solidariedade passiva seja uma garantia para o credor; com o advento do chamamento ao processo trazido pelo CPC de 1973, descaracterizou-se a essência da solidariedade passiva, que é poder-se exigir de apenas um só devedor a dívida na sua totalidade. Constrange-se o autor da ação litigar em face de outros devedores.

De toda sorte, enquanto viger a regra do Código Processual, ao menos deve o operador harmonizá-la com o espírito das obrigações solidárias, que é ofertar especial garantia ao credor. Nesse sentido, a única solução aceitável será condenar aquela pessoa em face de quem o pedido do autor foi deduzido, para, depois, disciplinar a relação travada entre chamante e chamado. Só assim haverá pleno respeito ao interesse do credor, o qual não pode ser constrangido a litigar contra quem não deseja, e, o que é pior, condenar alguém que não quer.

Com base nesse inciso, outra hipótese levantada em doutrina de cabimento do chamamento ao processo diz respeito a demandas que envolvam, em tese, dano ao meio ambiente. Sobre o tema, Voltaire

---

[258] Nesse sentido: "Agravo de Instrumento. Processual civil. Chamamento ao processo. Responsabilidade civil. Anulatória c/c indenização. Dano material e moral. Ex-empregador e seus sócios. Inadmissibilidade. O instituto do chamamento ao processo previsto no art. 77, do CPC, é medida jurídica colocada à disposição do devedor solidário, para que esse, caso seja acionado sozinho para responder por parte ou pela totalidade de uma dívida, possa acertar as responsabilidades do devedor principal e dos demais co-devedores solidários, na proporção de suas cotas, não podendo ser admitido se não está em discussão a existência de dívida comum, como no caso dos autos em que se discute a responsabilidade civil por evento danoso". (TAMG, AI 0341369-6, 1ª C.C., Rel. Juiz Silas Vieira, j. 14.08.2001); Ainda: "Chamamento ao processo. Responsabilidade civil. Protesto de título. Indenização. Dano moral. Ex-sócio. Inadmissibilidade. O instituto do chamamento ao processo, pressupõe solidariedade dos co-devedores pela dívida comum e neste caso não se pode atribuir a responsabilidade pelo protesto dos títulos sacados contra a autora da ação aos ex-sócios indicados pelo agravante. Se o ato ilícito que deu causa ao dano moral cuja indenização se persegue foi praticado por pessoa jurídica, pessoa esta distinta dos seus sócios, não há que se falar em chamamento ao processo, nos termos do art. 77, III, do CPC". (TAMG – AI 0333161-5 – 3ª C.Cív. – Rel. Juiz Edilson Fernandes – J. 13.06.2001)

Moraes indaga e logo responde: "havendo solidariedade passiva, porque todos os poluidores seriam co-responsáveis pelo evento danoso ao meio ambiente, seria cabível, então, com base no art. 77, III, o poluidor demandado, mediante chamamento ao processo, trazer para o pólo passivo da relação jurídica processual, um ou mais poluidores, que não foram demandados? No caso, pensamos que sim".[259] A aceitação dessa intervenção somente encontraria limites quando houvesse risco iminente de retardamento processual em virtude da formação do "litisconsórcio multitudinário", hipótese na qual deveria o órgão judicial restringir o número de participantes.

6.5. O chamamento ao processo no Código de Defesa do Consumidor

Com o intuito de aprimorar a tutela nas relações de consumo, e de certa forma restabelecer a isonomia material entre as partes envolvidas, o Código de Defesa do Consumidor preocupa-se em diversos dispositivos em resguardar o hipossuficiente.

Uma das medidas encontradas pelo legislador para facilitar o acesso à Justiça dos consumidores aparece quando da regulamentação das ações de responsabilidade do fornecedor de produtos e serviços. Nessa linha, o art. 101 do Código consumeirista cria diversas regras a favor do litigante ocasional. A mais importante sobre a competência, disciplinada no inciso I, refere que a ação pode ser proposta no foro de seu domicílio, afastando a incidência da norma geral do Código de Processo que afirma ser no foro do domicílio do réu a competência ordinária para as ações de responsabilidade civil.[260]

No inciso II do mesmo dispositivo, o Código regula o fenômeno da participação de terceiros nas demandas atinentes às relações de consumo. Reza a norma que "o réu que houver contratado seguro de responsabilidade poderá chamar ao processo o segurador, vedada a integração do contraditório pelo Instituto de Resseguros do Brasil.

---

[259] Da denunciação da lide e do chamamento ao processo na ação civil pública por dano ao meio ambiente. *In Revista do Ministério Público do RS*, 50/110.
[260] Reza o art. 101, I, que "Na ação de responsabilidade civil do fornecedor de produtos e serviços, sem prejuízo do disposto nos Capítulos I e II deste Título, serão observadas as seguintes normas: I - a ação pode ser proposta no domicílio do autor".

Nessa hipótese, a sentença que julgar procedente o pedido condenará o réu nos termos do artigo 80 do Código de Processo Civil. Se o réu houver sido declarado falido, o síndico será intimado a informar a existência de seguro de responsabilidade facultando-se, em caso afirmativo, o ajuizamento de ação de indenização diretamente contra o segurador, vedada a denunciação da lide ao Instituto de Resseguros do Brasil e dispensado o litisconsórcio obrigatório com este".

À primeira vista, pode surgir uma perplexidade, afinal o Código afirma que o réu poderá "chamar", e não "denunciar" o segurador, e o modo ordinário pelo qual o segurador é instado a discutir a incidência de seu contrato é a denunciação da lide. Aliás, na linha do art. 88, a denunciação é explicitamente afastada do processo consumeirista, referindo o dispositivo que a ação de regresso decorrente do art. 13 (responsabilidade do comerciante) poderá ser ajuizada em processo autônomo, facultada a possibilidade de prosseguir-se nos mesmos autos, vedada a denunciação da lide.

Mas aqui essa perplexidade é dissipada, na medida em que o Código de Defesa do Consumidor possui regras de todo originais no que toca ao sistema da responsabilidade civil. Quiçá a mais importante delas diga respeito ao vínculo de responsabilidade que se estabelece entre todos os participantes do evento danoso que culminou na agressão da vítima. Com razão, existe a previsão legal dando conta que havendo mais de um autor a ofensa, todos responderão solidariamente pela reparação dos danos previstos nas normas de consumo. É o que prescreve o art. 7º em seu parágrafo único.[261]

Essa solidariedade, como afirma Mara Larsen Chechi, abre à vítima "o direito de escolher contra quem quer direcionar a ação, com a garantia de inoponibilidade de culpa concorrente ou direito de regresso em relação aos demais componentes da cadeia produtiva".[262] Ainda que um dos sujeitos da relação não tenha tido participação decisiva no dano ocasionado poderá ser demandado para reparação integral, facultando-se tão-somente que em demanda futura acerte sua

---

[261] Art. 7º, CDC: "Os direitos previstos neste Código não excluem outros decorrentes de tratados ou convenções internacionais de que o Brasil seja signatário, da legislação interna ordinária, de regulamentos expedidos pelas autoridades administrativas competentes, bem como dos que derivem dos princípios gerais do direito, analogia, costumes e eqüidade. Parágrafo único. Tendo mais de um autor a ofensa, todos responderão solidariamente pela reparação dos danos previstos nas normas de consumo".
[262] Trecho do voto proferido no julgamento da AC 70002970267, TJRS, 9ª C.C., j. 04.12.2002.

relação com os demais co-responsáveis.[263] Nesta oportunidade, a divisão do prejuízo deve ser guiada pela responsabilidade subjetiva.

Já o comerciante, nos termos do art. 13, possui responsabilidade subsidiária, de modo que para sua condenação é necessário o preenchimento de uma das três hipóteses: (I) impossibilidade de identificação do fabricante, do construtor ou do produtor; (II) o produto for fornecido sem identificação clara do seu fabricante, produtor, construtor ou importador ou (III) quando não tenha conservado adequadamente os produtos perecíveis. Dessa forma, a princípio, o comerciante escapa do liame da solidariedade que se estabelece entre os participantes da cadeia produtiva.

Esse é o espírito que norteou a atividade do legislador também no que se refere ao regramento da participação do segurador na demanda de reparação de dano ocasionado a partir de relação de consumo. Nessas hipóteses, o segurador responde tal como o indigitado causador do dano perante o consumidor. Amplia-se, assim, a legitimação passiva da demanda, podendo ocorrer a condenação da empresa securitária diretamente em prol da vítima do evento se o magistrado concluir que é o único modo de ser alcançada a satisfação do consumidor. Daí porque o instrumento processual eleito é o chamamento ao processo, e não a denunciação da lide.[264]

---

[263] Cf. PAULO DE TARSO VIEIRA SANSEVERINO, *A Responsabilidade Civil no Código de Defesa do Consumidor e a Defesa do Fornecedor*, p. 172. São Paulo: Saraiva, 2002.

[264] Refere KAZUO WATANABE, comentando o artigo, que: "chamamento ao processo ao invés de denunciação da lide. O fornecedor demandado poderá convocar ao processo o seu segurador, mas não para o exercício da ação incidente de garantia que constitui a denunciação da lide (conforme comentário ao art. 88, supra) e sim para ampliar a legitimação passiva em favor do consumidor o que se dá através do instituto do chamamento ao processo, disciplina no Código de Processo Civil, nos artigos 77 a 80. Com a norma do artigo 101 do Código o elenco do artigo 77, CPC, fica ampliado para nele ficar abrangido o segurador do fornecedor de produtos e serviços, que passa a assumir a condição de co-devedor perante o consumidor. O dispositivo traz expressa alusão ao art. 80, CPC, que prevê a condenação de todos co-devedores, reconhecendo em favor do que satisfizer a dívida 'o benefício do título executivo para exigir a dívida, se for o caso por inteiro do devedor principal ou de cada um dos co-devedores, a sua quota, na proporção que lhes tocar'. Certamente, na relação entre segurador e segurado pela natureza do contrato que confere ao segundo o benefício da cobertura securitária em troca do pagamento ao primeiro do prêmio correspondente, a título de contra-prestação não haverá lugar para essa cobrança regressiva do segurador contra o segurado. O chamamento ao processo portanto amplia a garantia do consumidor e ao mesmo tempo possibilita ao fornecedor convocar desde logo sem a necessidade de ação regressiva autônoma o segurador para responder pela cobertura securitária prometida". (*Código Brasileiro de Defesa do Consumidor*, p. 827. Rio de Janeiro: Forense, 2001)

Nada impedirá, entretanto, que após a composição da lide que envolve o consumidor, ambos os responsáveis legais (segurador e fornecedor de produto ou serviço) discutam em demanda futura, sem a presença da vítima, qual a responsabilidade de cada qual. Dessa forma, estará resguardada a efetividade perante aquele que, na linha do Código e no mais das vezes, é a parte mais débil na relação obrigacional.

Essa orientação encontra respaldo no próprio Código de Defesa do Consumidor, a partir da combinação entre o parágrafo único do art. 13, que regula a responsabilidade conjunta dos partícipes da cadeia produtiva,[265] e o art. 88, que assegura a lide regressiva autônoma.[266] Portanto, há possibilidade de o segurador ser chamado ao processo e condenado frente à vítima, especialmente se o fornecedor não tiver suficiente idoneidade patrimonial.

6.6. Procedimento

O chamamento ao processo deve ser requerido dentro do prazo assinalado para o réu apresentar sua contestação, sob pena de preclusão. Com a citação do chamado, este torna-se seu litisconsorte.[267]

Embora pouco usual, pode suceder que o demandado opte por não contestar a ação e simplesmente chamar ao processo o suposto co-obrigado. Uma vez configurada essa hipótese, por força da suspensão do processo determinada pelo art. 79, ainda será possível o oferecimento da contestação após a juntada da citação do chamado aos autos. Deve, entretanto, o chamante atentar para o fato de que seu prazo de resposta, uma vez suspenso, não volta a correr desde seu primeiro dia novamente,

---

[265] Art. 13, CDC: "O comerciante é igualmente responsável, nos termos do artigo anterior, quando: I - o fabricante, o construtor, o produtor ou o importador não puderem ser identificados; II - o produto for fornecido sem identificação clara do seu fabricante, produtor, construtor ou importador; III - não conservar adequadamente os produtos perecíveis. Parágrafo único. Aquele que efetivar o pagamento ao prejudicado poderá exercer o direito de regresso contra os demais responsáveis, segundo sua participação na causação do evento danoso".

[266] Art. 88, CDC: "Na hipótese do artigo 13, parágrafo único, deste Código, a ação de regresso poderá ser ajuizada em processo autônomo, facultada a possibilidade de prosseguir-se nos mesmos autos, vedada a denunciação da lide".

[267] Determinado o chamamento ao processo pelo Magistrado, deverá o réu providenciar a citação do chamado em 10 dias, caso resida na mesma comarca, ou em 30 dias, caso resida em outra comarca ou em lugar incerto, conforme previsão do art. 72 do Código de Processo Civil.

mas sim desde onde parou. O prazo é suspenso, não interrompido.²⁶⁸ A decisão judicial acerca do deferimento ou não do chamamento ao processo, porque interlocutória, desafia o recurso de agravo de instrumento.

Ressalte-se que, com a formação do litisconsórcio, poderá incidir o art. 191, CPC, de modo que, casos esses sejam representados por diferentes procuradores, terão o benefício legal da duplicidade do prazo para contestar, recorrer e, de modo geral, falar nos autos (art. 191 do CPC). Não contestando, o chamado, a ação principal, ainda assim não será atingido pelos efeitos da revelia, caso o chamante tenha contestado a ação, tendo em vista o disposto no art. 320, I, do CPC.

Cabe ao juiz na mesma sentença definir as responsabilidades de cada um dos litisconsortes. A condenação em honorários advocatícios, no mais das vezes, não deverá ocorrer, pois a mesma deriva de sucumbência, a qual, nas hipóteses de chamamento, envolvem tão-somente o autor e os seus litisconsortes posteriores (chamante e chamado). Normalmente, chamado e chamante envidarão mútuos esforços para obstar o reconhecimento da pretensão do autor. Dessa forma, entre ambos jamais haverá sucumbência. Caso a demanda seja julgada procedente, os dois deverão arcar com os honorários em prol do demandante. Em troca, se o pedido for julgado improcedente, o requerente deverá arcar com os honorários dos patronos dos litisconsortes passivos. Essa é a regra geral.²⁶⁹

Excepcionalmente, situação diversa ocorrerá, caso o chamante tenha abusado de seu direito e chamado, por engano, pessoa estranha à lide. Nesses casos que envolvem litígio acerca do efetivo cabimento do instituto – pela oposição do chamado - aí sim haverá espaço para a condenação em honorários.

6.7. Diferenças entre o chamamento e a denunciação da lide

O chamamento ao processo e a denunciação da lide apresentam traços em comum, e algumas diferenças, a partir das quais pode o

---

[268] Assim: "Art. 79. O juiz suspenderá o processo, mandando observar, quanto à citação e aos prazos, o disposto nos artigos 72 e 74".

[269] ATHOS CARNEIRO aduz que "a imposição de honorários supõe uma parte vencedora, outra sucumbente. Mas chamante e chamado não sucumbem um perante o outro, e sim podem vitoriar-se, ou sucumbir, perante a parte adversa, a parte demandante". (*Intervenção de Terceiros*, p. 148)

operador concluir acerca de qual remédio processual é o adequado para a tutela de determinado interesse. Embora espécies de um mesmo gênero (intervenção de terceiros), chamamento e denunciação possuem escopos diferentes que os fazem adquirir papel distinto dentro do microssistema processual brasileiro.

Em comum, salienta-se que, através dessas iniciativas, a parte busca salvaguardar eventual direito de regresso. E com a ampliação dos limites subjetivos, todos que participam do contraditório são atingidos pela eficácia da coisa julgada material ínsita à sentença. Todavia, existem algumas características peculiares.

De plano, observa-se, a partir da interpretação literal da lei, que a legitimação para o oferecimento dessas iniciativas não é idêntica. Enquanto a denunciação a lide pode ser perfeitamente provocada pelo autor ou pelo réu, a faculdade de chamar ao processo restringe-se a este último.

Em segundo lugar, nota-se que, na denunciação da lide, o então terceiro nenhuma relação de direito material possui com a parte adversa. Muito pelo contrário, seu relacionamento jurídico dá-se com o denunciante. Situação inversa do chamamento, o qual somente é viável se a dívida que unir autor e réu-chamante disser respeito ao terceiro que está pronto a tornar-se parte. Em razão da afirmada solidariedade da obrigação, tanto o chamante quanto o chamado entretêm relação de direito material com o autor.

Por conseguinte, não poderá o juiz condenar diretamente o denunciado frente ao autor, uma vez que inexiste entre ambos qualquer vínculo jurídico. Excepcionalmente, a jurisprudência irá admitir tal hipótese, mas tendo em vista o escopo do contrato celebrado entre denunciado e denunciante, como vimos no capítulo precedente. Já no chamamento ao processo, é perfeitamente possível ao juiz, convencendo-se da natureza da relação material, proferir sentença diretamente contra o chamado, constrangendo-o a adimplir a obrigação que também possui (é o caso do aval, p. ex.). Por conseguinte, no chamamento, nem sempre o título executivo será formado em favor do chamante e contra o chamado; poderá sê-lo em favor do chamado e contra o chamante, tudo dependendo de quem vier, ao final, satisfazer a dívida.

Ovídio Baptista irá apontar que, na denunciação à lide, o denunciado não pode ser tido como litisconsorte da parte denunciante, mas sim como assistente. Já o chamamento ao processo "amplia o pólo passivo da demanda originária, pela inserção de um novo demandado na ação principal, ao mesmo tempo em que contém uma demanda regressiva em favor daquele que vier a satisfazer o crédito reclamado na ação, contra o outro ou os outros demandados".[270]

Essas diferenças, portanto, distinguem as modalidades.

6.8. Eficácia da sentença

A sentença, em caso de chamamento ao processo, apreciará a demanda de maneira globalizada, à luz dos interesses do autor e dos membros do pólo passivo.[271] Como se trata de litisconsórcio, a sentença que julgar procedente a ação movida pelo credor, acertará o direito deste contra o demandado primitivo e em face do chamado ao processo; ao mesmo tempo, acertará o eventual direito de o obrigado, primitivamente demandado, executar o chamado, se aquele satisfizer a dívida perante o credor. Nada impede, outrossim, que a sentença constitua título executivo em prol do chamado em face do chamante, desde que aquele sua dívida satisfaça.

Tudo decorre da aplicação do art. 80 do Código de Processo. A sentença que julgar procedente a ação, condenando os devedores, valerá como título executivo, em favor de quem satisfizer a dívida, para exigi-la, por inteiro, do devedor principal, ou de cada um dos co-devedores a sua quota, na proporção que lhes tocar. Cria, assim, para o devedor solidário que pagar sozinho, título executivo contra os demais devedores.

Em verdade, a sentença condenatória tem o condão de, por si mesma, constituir título executivo para o autor contra qualquer dos réus, ou mesmo entre estes no caso do chamamento. Será ela, portanto, somada ao comprovante de pagamento, título executivo em favor do réu que adimplir a obrigação, contra os demais co-devedores.

---

[270] *Comentários ao CPC*, v. 1, p. 367.
[271] Novamente, insiste-se que não há propriamente pretensão de regresso no chamamento, mas sim a formação de real litisconsórcio passivo ulterior. ATHOS CARNEIRO esclarece: "importa não esquecer, aqui, que o chamamento não representa exercício de ação regressiva do chamante contra o chamado, mas apenas convocação para a formação de litisconsórcio passivo". (*Intervenção de Terceiros*, p. 149)

Referências bibliográficas

AGUIAR DIAS, José de. *Da Responsabilidade Civil*, v. 2. 8. ed. Rio de Janeiro: Forense, 1987.

ALBUQUERQUE ROCHA, José de. *Nomeação à autoria*. Rio de Janeiro: Saraiva, 1983.

ALVARO DE OLIVEIRA, Carlos Alberto. *Do Formalismo no Processo Civil*. Rio de Janeiro: Saraiva, 1997.

——. *Alienação da Coisa Litigiosa*. 2.ed. Rio de Janeiro: Forense, 1986.

——. A garantia do contraditório. *In Garantias Constitucionais do Processo Civil*, coordenação de José Rogério Cruz e Tucci, São Paulo: RT, 1999, p. 132-150.

——. Efetividade e Processo de Conhecimento. *In Revista da Faculdade de Direito da UFRGS*, v. 16, 1999, p. 07.

——. *O problema da eficácia da sentença*. Disponível em www.tex.com.br. Acesso em 20.09.2003.

——. Poderes do juiz e visão cooperativa do processo. *In Revista Gênesis de Direito Processual Civil*, n. 27/22, jan-mar 2003.

——. O Processo civil na perspectiva dos direitos fundamentais. *In Revista Gênesis de Direito Processual Civil*, n. 26, out-dez, 2002.

ARAÚJO CINTRA, Antônio Carlos de. *Do Chamamento à autoria. Denunciação da lide*. São Paulo: RT, 1973.

ARRUDA ALVIM, José Manuel. *Manual de Direito Processual Civil*, v. 2. 6. ed. São Paulo: RT, 1997.

——. Deveres das partes e dos procuradores, no direito processual civil brasileiro. *RePro*, 69/07.

—— *et alli*. Chamamento ao processo em ação declaratória positiva. *Revista de Processo*, nº 3, julho-setembro, 1976, p. 131-135.

ARENHART, Sérgio Cruz e MARINONI, Luiz Guilherme. *Manual do Processo de Conhecimento*. São Paulo: RT, 2001.

ASSIS, Araken de. *Comentários ao Código de Processo Civil*, v. 6. 3ª tiragem. Rio de Janeiro: Forense, 2000.

——. *Manual do processo de execução*. 6. ed. São Paulo: RT, 2000.

——. *Substituição processual*. RDCPC, 26/44.

BARBI, Celso Agrícola. *Comentários ao Código de Processo Civil,* v. 1, Tomo II, arts. 56 a 153. Rio de Janeiro: Forense, 1975.

———. Chamamento ao Processo. *RF*, 247/20.

BARBOSA MOREIRA, José Carlos. Por um processo socialmente efetivo. *In Revista Síntese de Direito Civil e Processual Civil*, 11/05.

———. O Futuro da Justiça: Alguns Mitos. *In Revista Síntese de Direito Civil e Processual Civil*, 06/36.

———. Apontamentos para um estudo sistemático da legitimação extraordinária. *RT*, v. 404, p. 09-18.

———. O problema da "divisão do trabalho" entre juiz e partes: aspectos terminológicos. *Revista de Processo*, 41/07.

———. Notas sobre o problema da "efetividade" do processo. *In Temas de processo civil*. 3ª série. São Paulo: Saraiva, 1984.

———. Tutela de urgência e efetividade do direito. *In Revista Gênesis de Direito Processual Civil*, n. 28/286, abr-jun 2003.

BEDAQUE, José Roberto dos Santos. *Direito e Processo – Influência do direito material sobre o processo*. 2. ed. 2ª tiragem. São Paulo: Malheiros, 2001.

CAPPELLETTI, Mauro. Il Processo civile italiano nel quaddro della contrapposizione 'civil law' - 'common law'. *In Annali dell'Università di Macerata*, v. XXVI. Milano: Giuffrè, 1963.

CARNEIRO, Athos Gusmão. *Intervenção de Terceiros*. 14. ed. São Paulo: Saraiva, 2003.

———. Denunciação da lide e chamamento ao processo. *Ajuris*, v. 8, n. 21, p. 24-47, mar. 1981.

———. O litisconsórcio facultativo ativo ulterior e os princípios do 'juiz natural' e do 'devido processo legal'. *Revista Síntese de Direito Civil e Processual Civil*, n.01/17, set-out/1999.

———. Mandado de segurança. Assistência e *amicus curiae*. *In Revista Gênesis de Direito Processual Civil*, n. 27/189, jan-mar 2003.

CARPI, Federico & TARUFFO, Michele. *Commentario Breve al Codice di Procedura Civile*. 3.ed. Padova: CEDAM, 1994.

CARREIRA ALVIM, J. E. Assistência litisconsorcial no mandado de segurança contra ato judicial. *In RJ* nº 204/20.

CAVALIERI FILHO, Sérgio. *Programa de Responsabilidade Civil*. 4. ed. São Paulo: Malheiros, 2003.

CINTRA, Antonio Carlos de Araujo; DINAMARCO, Cândido Rangel; GRINOVER, Ada Pellegrini. *Teoria Geral do Processo*. 19. ed. São Paulo: Malheiros, 2003.

COMOGLIO, Luigi Paolo, FERRI, Corrado & TARUFFO, Michele. *Lineamenti sul processo civile*. Bologna: Il Mulino, 1998.

CRUZ e TUCCI, José Rogério. *Tempo e Processo*. São Paulo: RT, 1997.

DIAS, Maria Berenice. *O Terceiro no Processo*. Rio de Janeiro: AIDE, 1993.

DINAMARCO, Cândido Rangel. *Intervenção de Terceiros*. 3. ed. São Paulo: Malheiros, 2002.

———. *Instituições de Direito Processual Civil*, v.1. São Paulo: Malheiros, 2002.

———. *Instituições de Direito Processual Civil*, v.2. 3.ed. São Paulo: Malheiros, 2003.

———. *Instrumentalidade do Processo*. São Paulo: São Paulo, 2000.

——. Intervenção de terceiro no processo cautelar. *Ajuris,* 32, 216-224, 1984.

——. *Capítulos de sentença.* São Paulo: Malheiros, 2003.

——. *Nova era do processo civil.* São Paulo: Malheiros, 2003.

——; CINTRA, Antonio Carlos de Araujo; GRINOVER, Ada Pellegrini. *Teoria Geral do Processo.* 19. ed. São Paulo: Malheiros, 2003.

FADEL, Sérgio Sahione. *Código de Processo Civil Comentado,* v. 1: arts. 1º a 443. 7ª ed. rev. e atual. Rio de Janeiro: Forense, 1988.

FAZZALARI, Elio. *Istituzioni di Diritto Processuale.* 5. ed. Padova: CEDAM, 1989.

——. *Lezioni di Diritto Processuale Civile,* v. 1. Padova: CEDAM, 1995.

——. Valori permanenti del processo. *In Diritto Naturale verso nuove prospettive.* Milano: Giuffrè, 1977.

FERREIRA DA SILVA, Luis Renato. A Função social do contrato no novo Código Civil e sua conexão com a solidariedade social. *In O Novo Código Civil e a Constituição.* Org. Ingo Wolfgang Sarlet. Porto Alegre: Do Advogado, 2003.

FERREIRA FILHO, Manoel Gonçalves. O sistema constitucional brasileiro e as recentes inovações no controle de constitucionalidade (Leis nº 9.868, de 10 de novembro e nº 9.982, de 3 de dezembro de 1999. *In Revista da Faculdade de Direito da UFRGS,* v. 18, p. 181.

FERREIRA MACIEL, Adhemar. *Amicus Curiae:* Um instituto democrático. Publicado no *Jornal Síntese* nº 63, maio/2002, p. 3.

FERRI, Corrado, COMOGLIO, Luigi Paolo & TARUFFO, Michele. *Lineamenti sul processo civile.* Bologna: Il Mulino, 1998.

FISCHMANN, Gerson. *Comentários ao Código de Processo Civil.* São Paulo: RT, 2000.

FLAKS, Milton. *Denunciação da lide.* Rio de Janeiro: Forense, 1984.

FRAGA DO COUTO, Francisco Norival. *Procedimento na Ação de Oposição.* Porto Alegre: LeJur, 1988.

FUX, Luiz. *Intervenção de Terceiros (Aspectos do Instituto).* São Paulo: Saraiva, 1990.

GIORGIS, José Carlos Teixeira. *A lide como categoria comum do processo.* Porto Alegre: Lejur - Letras Jurídicas Editora Ltda., 1991.

GOMES, Fábio Luiz. *Comentários ao CPC,* v. 3. São Paulo: RT, 2000.

GOMES, Orlando. *Contratos.* 18. ed. Rio de Janeiro: Forense, 1998.

——. *Direitos Reais.* 17. ed. Rio de Janeiro: Forense, 2000.

GOMES da CRUZ, José Raimundo. Assistência simples e denunciação da lide. *RT* 616/34.

GRASSO, Edoardo. La collaborazione nel processo civile. *Rivista di diritto processuale,* 21/580, 1966.

GRECO FILHO, Vicente. *A Intervenção de Terceiros no Processo Civil.* São Paulo: Saraiva, 1973.

——. *Direito Processual Civil Brasileiro,* v. I. 17. ed. São Paulo: Saraiva, 2003.

——. *Direito Processual Civil Brasileiro,* v. II. 16. ed. São Paulo: Saraiva, 2003.

GRINOVER, Ada Pellegrini (*et al.*). *Código de Defesa do Consumidor comentado pelos autores do anteprojeto.* 7. ed. Rio de Janeiro: Forense, 2001.

──. DINAMARCO, Cândido Rangel; CINTRA, Antonio Carlos de Araujo. *Teoria Geral do Processo*. 19. ed. São Paulo: Malheiros, 2003.

HABSCHEID, Walter. L'oggetto del processo nel diritto processuale civile tedesco. *Rivista di Diritto Processuale*, 35 (1980), pp. 454-464.

JAUERNIG, Othmar. *Zivilprozessrecht*. 26. Auflage. München: Beck, 2000.

──. *Direito Processual Civil*. Trad: F. Silveira Ramos. Coimbra: Almedina, 2002.

JORGE, Flávio Chem. Sobre a admissibilidade do chamamento ao processo. RePro, 93/109.

LACERDA, Galeno Vellinho de. *Despacho Saneador*. Porto Alegre: Fabris, 1985.

──. O Código e o formalismo processual. *Revista da Ajuris*, nº 28, 1983.

──. Processo e cultura. *Revista de Direito Processual* Civil, 3.º volume, Saraiva, 1962.

LA CHINA, Sergio. *Manuale di Diritto Processuale Civile*, v. I. Milano: Giuffre, 2003.

LEAL JUNIOR, Cândido A. S. Justificativa e função da assistência litisconsorcial no direito processual civil. *RePro*, 69/136.

LIEBMAN, Enrico Tullio. *Manuale di Diritto Processuale*, v. II. Ristampa della quarta edizione. Milano: Giuffrè, 1984.

──. Concepto de la acción civil. *In Revista de Estúdios Jurídicos y Sociales*, ano XIII, tomo XIII, n.70, Montevideo, 1970.

LINS, Cristiane Delfino Rodrigues. Oposição no direito brasileiro. *RT* 782/147.

LUISO, Francesco Paolo. *Diritto Processuale Civile*, v. 1. 3. ed. Milano: Giuffrè, 2000.

MALACHINI, Edson Ribas. Seguro, resseguro, litisconsórcio e denunciação da lide. *Ajuris*, v. 23, n. 66, p. 343-358, mar. 1996.

──. Responsabilidade civil do Estado e denunciação da lide. *Revista de Processo*, 40/20.

MARINONI, Luiz Guilherme. Sobre o assistente litisconsorcial. *RePro* 58/250.

──; ARENHART, Sérgio Cruz. *Manual do Processo de Conhecimento*. São Paulo: RT, 2001.

MARTINS-COSTA, Judith. *A boa-fé no Direito Privado*. São Paulo: RT, 2000.

MENDES, Gilmar Ferreira. A nova proposta de regulação do controle abstrato de normas perante o Supremo Tribunal Federal. *In Revista do TST*, v. 65, p. 187.

MONIZ DE ARAGÃO, Egas Dirceu. Procedimento: formalismo e burocracia. *Revista Forense*, v. 358, p.49.

──. Sobre o chamamento à autoria. *Ajuris*, 25/22.

MORAES, Voltaire de Lima. Do chamamento ao processo. *Direito e Justiça*, v.11, ano IX, 1987, p. 53-69.

──. Da denunciação da lide e do chamamento ao processo na ação civil pública por dano ao meio ambiente. *In Revista do Ministério Público do Rio Grande do Sul*, 50/101.

MUÑOZ, Pedro Soares. Da intervenção de terceiros. *Estudos Sobre o Novo Código de Processo Civil*. Porto Alegre: Bels, 1974.

MUSIELAK, Hans-Joachim. *Grundkurs ZPO*. 6. Auflage.- München: Beck, 2002.

NERY JUNIOR, Nelson & ANDRADE NERY, Rosa Maria. *Código de Processo Civil Comentado*. 3. ed. São Paulo: RT, 1997.

——. Condições da Ação. *RePro*, 64/33.

NOBRE JUNIOR, Edilson Pereira. Responsabilidade civil do estado e denunciação da lide. *In RJ* nº 248/142.

PÁDUA RIBEIRO, Antônio de. Das Nulidades. *RJ* nº 201/05.

——. A assistência no novo Código de Processo Civil. *RF*

PARGENDLER, Ari. A Assistência da União nas causas cíveis. *In Jurisprudência Brasileira, Cível e Comercial*, n. 37, p. 15-45, 1980.

PELUSO, Antônio César. Chamamento ao processo em execução. *RePro*, 1/186.

PEREIRA, Caio Mário da Silva. *Instituições de Direito Civil*, v. IV. 12. ed. Rio de Janeiro: Forense, 1995.

——. *Instituições de Direito Civil*, v. II. 5. ed. Rio de Janeiro: Forense, 1996.

——. *Responsabilidade Civil*. 4. ed. Rio de Janeiro: Forense, 1993.

PEREIRA, Milton Luiz. *Amicus Curiae* – Intervenção de Terceiros. *Revista de Informação Legislativa* nº 156, out/dez 2002, pp. 7-11.

PONTES DE MIRANDA, Francisco Cavalcanti. *Comentários ao CPC*, t.II. 2. ed. Rio de Janeiro: Forense, 1974.

PORTO, Sérgio Gilberto. *Comentários ao CPC*, v. 6. São Paulo: RT, 2000.

——. *Coisa Julgada Civil*. 2. ed. Rio de Janeiro: AIDE, 1998.

PRATA, Edson. *Comentários ao CPC*, v. II, t. I. Rio de Janeiro: Forense, 1987.

——. Assistência no processo civil. *Revista Brasileira de Direito Processual*, nº 37, jan-fev.1983, p. 55-65.

REIS, José Alberto dos. *Intervenção de Terceiros*. Coimbra, 1948.

RESTIFFE, Lauro Paiva. Chamamento ao processo na execução. *Revista dos Tribunais*, nº 494. Dezembro, 1976, p. 12-16.

ROENICK, Hermann H. de Carvalho. *Intervenção de Terceiros – A Oposição*. Rio de Janeiro: Aide, 1995.

ROLLIN, Cristiane Soares Flores. A garantia da igualdade no processo civil frente ao interesse público. *In Garantias do Cidadão no Processo Civil*. Org. Sérgio Gilberto Porto. Porto Alegre: Livraria do Advogado, 2003.

ROSEMBERG, Leo. *Tratado de Derecho Procesal Civil*, t.1. Trad. Angela Romera Vera. Buenos Aires: EJEA, 1955.

SANCHES, Sydney. *Denunciação da lide no direito processual brasileiro*. São Paulo: RT, 1984.

——. Conseqüências da não denunciação da lide. *Ajuris*, 14, pp. 94-124, 1978.

——. Denunciação da lide. *RePro*, 34/47.

SANSEVERINO, Paulo de Tarso Vieira. *Responsabilidade civil no Código de Defesa do Consumidor e a defesa do fornecedor*. São Paulo: Saraiva, 2002.

SCARPINELLA BUENO, Cássio. *Partes e Terceiros no Processo Civil Brasileiro*. Rio de Janeiro: Saraiva, 2003.

SHIMURA, Sério Seiji. Denunciação da lide e ação regressiva. *In Revista de Processo*, v. 15, n. 58, p. 215 a 218, abr/jun 1990.

SILVA, Ovídio Baptista da. *Comentários ao Código de Processo Civil*, t. 1. São Paulo: RT, 2000.

——. *Curso de Processo Civil*, v.1. 6.ed. São Paulo: RT, 2003.

——. *Curso de Processo Civil*, v.1. 2.ed. Porto Alegre: Fabris, 1991.

——. Assistência Litisconsorcial. *Revista Brasileira de Direito Processual*, n. 42, abr-jun. 1984, pp. 87-128.

SOUBHIE, Berenice. Assistência simples e extinção do processo. *RePro*, 75/284.

SOUSA DINIS, Joaquim José de. Inovações e perspectivas no direito processual civil português. Publicado no *CD Juris Síntese* nº 33, jan/fev de 2002.

SPAGNOLO, Juliano. A Garantia do juiz natural e a nova redação do art. 253 do Código de Processo Civil (Lei 10.358/01). *In Garantias do Cidadão no Processo Civil*. Org. Sérgio Gilberto Porto. Porto Alegre: Livraria do Advogado, 2003.

STOCKINGER, Francisco Tiago Duarte. Reflexões sobre as condições da ação. *Revista Jurídica*, 308/60.

——. O Provimento jurisdicional e a garantia do contraditório. *In Garantias do Cidadão no Processo Civil*. Org. Sérgio Gilberto Porto. Porto Alegre: Livraria do Advogado, 2003.

TARUFFO, Michele & CARPI, Federico. *Commentario Breve al Codice di Procedura Civile*. 3.ed. Padova: CEDAM, 1994;

——. Il Controllo di razionalità della decisione fra logica, retórica e dialettica. Disponível em www.studiocelentano.it/lenuovevocideldiritto/testi/taruffoI.htm. Acesso em 20.04.2003;

——. Idee per una teoria della decisione giusta. Disponível em www.dirittosuweb.it. Acesso em 24.04.2003;

——. COMOGLIO, Luigi Paolo & FERRI, Corrado. *Lineamenti sul processo civile*. Bologna: Il Mulino, 1998.

TARZIA, Giuseppe. *Lineamenti del nuovo processo di cognizione*. Ristampa con aggiornamento. Milano: Giuffre, 1996.

TEIXEIRA, Sálvio de Figueiredo. A nova etapa da reforma processual. *RJ*, nº 230/05.

TESHEINER, José Maria da Rosa. *Elementos para uma Teoria Geral do Processo*. São Paulo: Saraiva, 1993.

——. Partes no Processo Civil – Conceito e Preconceito. Disponível em www.tex.pro.br. Acesso em 29.12.2003.

THEODORO JÚNIOR, Humberto. *Curso de Direito Processual Civil*, v. 1. 31. ed. Rio de Janeiro: Forense, 2000.

——. Intervenção de terceiros no processo civil: denunciação da lide e chamamento ao processo. *RePro*, nº 16, outubro-dezembro, 1979, p. 49-58.

——. Arbitragem e terceiros - litisconsórcio fora do pacto arbitral - outras intervenções de terceiros. *In Juris Síntese* nº 36, jul/ago de 2002.

——. *Litisconsórcio e intervenção de terceiros no processo civil brasileiro*. Forense 334/57.

——. *A função social dos contratos*. Rio de Janeiro: Forense, 2004.

TOMMASEO, Ferruccio. *L'estromissione di una parte dal giudizio*. Milano: Giuffrè, 1975.

TROCKER, Nicolò. Il nuovo articolo 111 della costituzione e il "giusto processo" in materia civile: profili generale. *Riv. Trim. Dir. Proc. Civ.*, giugno, 2001, anno LV, n. 2.

——. *L'intervento per ordine ael giudice.* Milano: Giuffrè, 1984.

TRONCO, Daniel Vallandro. Denunciação da lide. *Revista Direito e Justiça*, v. 23, ano XXIII, 2001/1, p. 77.

VILLAR, Willard de Castro. Do chamamento ao processo. *Revista Forense*, 254/121.

VOGEL, Oscar. *Grundriss des Zivilprozessrechts.* Fünfte, nachgeführte Auflag. Bern: Stämfli Verlag, 1997.

WALD, Arnold. Da competência das agências reguladoras para intervir na mudança de controle das empresas concessionárias. *In Jornal Síntese* nº 66, ago/2002, p. 3.

ZANZUCHI, Marco Tullio. *Diritto Processuale Civile*, v. II. 5.ed. Milano: Giuffrè, 1962.

ZAVASCKI, Teori. *Antecipação de Tutela.* 2. ed. São Paulo: Saraiva, 1999.